CROIX-ROU...
CANADIENN...

Manuel
Gardiens avertis

Steeve .T

Nom

StayWell

StayWell

La Société canadienne de la Croix-Rouge a déployé des efforts raisonnables pour s'assurer que le contenu de cette publication était exact et prenait en compte les recherches scientifiques disponibles les plus récentes sur la question à la date de publication. Les renseignements contenus dans cette publication pourraient changer en fonction de l,évolution de la recherche scientifique. Certaines techniques décrites dans cette publication sont destinées à être utilisées afin de sauver des vies. Cependant, la Société canadienne de la Croix-Rouge ne peut pas garantir que le recours à de telles techniques préviendra les traumatismes personnels ou la perte de vie.

L'utilisation de genre masculin dans les textes et contenus de cette publication n'est fait que dans le but d'alléger le texte.

Cette publication est disponible en français et en anglais

Conception graphique : Sarah Battersby
Illustrations : Christine Tripp
Impression et reliure : Kromar Printing

Imprimé au Canada par :
The StayWell Health Company Ltd.
2 Quebec Steet, Suite 107, Guelph ON N1H 2T3
Une division de
StayWell
780 Township Line Road, Yardley, PA 19067 USA

Catalogage avant publication de la Bibliothèque nationale du Canada
    Manuel gardiens avertis / Croix-Rouge canadienne.
Traduction de: Babysitter's manual.
ISBN 978-1-58480-163-4
    1. Garde des enfants. 2. Premiers soins.
I. Société canadienne de la Croix-Rouge
HQ769.5.B2914 2003   649'.1'0248   C2003-905950-2

14 15 16 / 4 5 6

MIXTE
Papier issu de
sources responsables
FSC® C103113
FSC
www.fsc.org

Remerciements

Depuis les 65 dernières années, les programmes de la Croix-Rouge canadienne ont pris de l'importance et sont davantage développés. Chaque fois qu'un programme fait l'objet d'une révision, le fondement initial repose sur l'excellent travail fait au cours des révisions précédentes. Nous tenons à remercier toutes les personnes qui ont travaillé à l'évolution de ces programmes et de ces produits avant nous.

Ce projet a été rendu possible grâce à la vision créative, au soutien continu et au dévouement de notre partenaire-éditeur, StayWell, le Comité national de consultation médicale de la Croix-Rouge canadienne et le groupe national de conseillers techniques en secourisme.

Le Comité national de consultation médicale qui a révisé le contenu du programme était composé de Brendan J. Hughes, MD, CCMF et Andrew MacPherson, MD, CCMF-MU.

Le groupe national de conseillers techniques en secourisme avait la responsabilité d'assurer l'animation, l'affectation et l'orientation du projet. L'équipe était composée de Bev Glass, à la présidence, Patrick Boucher, Blair Doyle, Dominique Graf, Kevin Holder, Jeff Horseman, Sioban Kennedy, Jason Oliver, Julie Poirier, Kathy Sampson et Kevin Sanford.

L'Association médicale canadienne, l'Association canadienne des chefs de pompiers, l'Association pour la prévention des accidents industriels et SMARTRISK sont heureux d'apporter leur soutien à la Croix-Rouge canadienne pour l'important travail d'élaboration de ce *Manuel Gardiens Avertis*.

Nous avons aussi bénéficié des commentaires et des conseils des personnes suivantes :

Yvonne Kelly
Candidate de maîtrise en éducation

Anne McRuer
Guides du Canada
Coordonnatrice de programme

Valerie Mason
Guides du Canada
Coordonnatrice des ressources en formation

 Girl Guides Guides
of Canada du Canada

Ian Mitchell
Scouts Canada
Directeur du programme national

Shirley Gallant
Prévention des incendies du Canada
Présidente

Paula Hadden-Jokiel
Santé Canada
Analyste principale des politiques
Section de la seconde enfance et de l'adolesence
Politique stratégique et recherche
Division de l'enfance et de l'adolescence (DEA)

Dr Robert Conn
La Fondation Sauve-Qui-Pense
Président/Chef de la direction

Kathy Blair
La Fondation Sauve-Qui-Pense
Écrivaine

Amy Zierler
Laveena Sethia
Nicole Beben
Rebecca Nesdale-Tucker
(Équipe d'information sur la prévention des blessures)
SécuriJeunes Canada

Dr Judy Guemsey
Association canadienne de sécurité agricole
Présidente

À propos de la Croix-Rouge canadienne

Notre mission*

Conformément au Mouvement international de la Croix-Rouge et du Croissant-Rouge, la mission de la Croix-Rouge canadienne consiste à :

améliorer la vie des personnes vulnérables en mobilisant le pouvoir de l'humanité

* approuvé provisoirement par le Conseil des gouverneurs, décembre 2002

Comment nous venons en aide

La Croix-Rouge canadienne se voue à aider les familles, les écoles et les collectivités à devenir des endroits plus sûrs, à la fois chez nous, au Canada, et partout dans le monde.

Gestion des sinistres

La Croix-Rouge canadienne vient en aide aux personnes victimes de sinistres ou touchées par des situations d'urgence. La Croix-Rouge collabore avec les gouvernements et autres organismes humanitaires afin de veiller aux besoins fondamentaux des gens : aliments, vêtements, abri, premiers soins, soutien affectif et réunification des familles.

Opérations internationales

La Croix-Rouge canadienne œuvre à l'étranger dans des situations de guerre et de catastrophe naturelle afin d'apporter les articles de toute première nécessité, de réunir les familles et de contribuer à la reconstruction des collectivités. Chaque année, la Croix-Rouge canadienne envoie à l'étranger environ 100 secouristes professionnels pour y accomplir des missions.

Secourisme

Le but du programme de secourisme de la Croix-Rouge canadienne est de réduire le nombre de décès et d'atténuer les souffrances attribuables à des blessures et à des maladies soudaines, et ce, en offrant une formation en secourisme au plus grand nombre possible de Canadiens et de Canadiennes.

Natation et sécurité aquatique

Grâce au programme de sécurité aquatique de la Croix-Rouge canadienne, depuis 1946, plus de 32 millions de Canadiens ont appris à nager et à profiter des activités aquatiques en toute sécurité.

ÉduRespect : Prévention de la violence

Ce service offert par la Croix-Rouge a aidé plus d'un million d'adultes et de jeunes du Canada à comprendre les problèmes de mauvais traitements, de harcèlement et de violence interpersonnelle.

Soins à domicile

Les services Soins à domicile de la Croix-Rouge canadienne visent à valoriser le bien-être et la dignité des gens, qu'il s'agisse de personnes âgées ou frêles, ou de personnes aux prises avec des déficiences ou contraintes de demeurer à la maison en raison d'une maladie.

Principes fondamentaux de la Croix-Rouge

Tous les programmes et activités de la Croix-Rouge reposent sur les Principes fondamentaux, qui nous permettent de venir en aide à toute personne qui en a besoin, sans aucune distinction de race, d'appartenance politique, de religion, de condition sociale ou de culture.

Une définition à caractère officiel est affichée dans la plupart des bureaux de la Croix-Rouge. Mais une interprétation plus simple nous vient de la Croix-Rouge nationale de Tanzanie :

HUMANITÉ Nous sommes au service des gens et non des systèmes.

IMPARTIALITÉ Nous soignons les victimes comme les agresseurs.

NEUTRALITÉ Nous prenons des initiatives, mais nous ne prenons jamais parti.

INDÉPENDANCE Nous nous inclinons devant les besoins, mais non devant les rois.

VOLONTARIAT Nous travaillons sans relâche, mais jamais pour le profit personnel.

UNITÉ Nous possédons de nombreux talents, mais nous poursuivons une idée unique.

UNIVERSALITÉ Nous respectons les peuples, mais notre œuvre ne connaît pas de frontières.

Table des matières

Chapitre 5

Prendre soin des enfants d'âge scolaire

Chapitre 6

Une blessure n'est pas un accident : il faut créer un environnement sûr

Chapitre 7

Urgence et premiers soins - Quoi faire?

Chapitre 8

Points très importants

CHAPITRE 1

Par où commencer

La garde d'enfants

Tu as donc décidé de devenir gardienne ou gardien d'enfants. Bravo! C'est un travail agréable et stimulant, mais c'est aussi une importante mission.

Les parents et les tuteurs des enfants que tu garderas comptent sur toi pour surveiller leurs enfants et assurer leur sécurité lorsqu'ils sont absents. Tu es un leader parce que les enfants te considèrent comme la personne responsable qui est aux commandes! Un bon leader est confiant et est à l'aise de prendre des responsabilités parce qu'il sait prendre les bonnes décisions et se préoccupe toujours de la sécurité. Ce cours de gardiennage t'aidera à savoir comment prendre les bonnes décisions et à avoir confiance en tes capacités de gardien d'enfants efficace!

Comment utiliser le manuel Gardiens avertis de la Croix-Rouge canadienne

Tu te serviras du manuel *Gardiens avertis* lorsque tu suivras le cours de garde d'enfants de la Croix-Rouge canadienne. Le manuel contient plusieurs activités que tu feras en classe. N'hésite pas à écrire dans ton livre, il t'appartient. Tu pourras le garder dans ta trousse de gardien d'enfants que tu apportes avec toi lorsque tu vas garder.

Dans le cours, tu apprendras les éléments de base du gardiennage, comment prendre soin des BÉBÉS,

des **TOUT-PETITS**, des **ENFANTS D'ÂGE PRÉSCOLAIRE** et des **ENFANTS D'ÂGE SCOLAIRE**. Tu apprendras aussi comment créer un **ENVIRONNEMENT** sûr, faire face aux situations d'urgence et donner les premiers soins lorsque tu gardes des enfants.

Tout au long du manuel, tu verras des mots en **MAJUSCULES**. Ces mots peuvent être compliqués, et tu auras peut-être besoin d'aide. Ils sont expliqués dans le glossaire à la fin du manuel.

Qu'est-ce qui fait de toi un excellent gardien?

Un excellent gardien est une personne responsable, fiable et digne de confiance. L'excellent gardien donne le bon exemple et est un **MODÈLE DE COMPORTEMENT** pour les enfants. Au travail, l'excellent gardien agit toujours de manière **PROFESSIONNELLE** et est un leader.

Le symbole à gauche représente le **LEADERSHIP**. Le gardien fait preuve de leadership lorsqu'il veille à la sécurité de l'enfant, s'occupe de lui et lui donne les **PREMIERS SOINS**, prend de bonnes décisions et agit comme un professionnel. Tu remarqueras ce symbole dans le manuel à côté des conseils sur le leadership.

Tu peux être un excellent gardien en :

Leadership

- assurant ta propre sécurité et celle des enfants ;
- communiquant bien avec les enfants et les parents ou tuteurs ;
- t'intéressant aux enfants que tu gardes ;
- prenant des décisions réfléchies ;
- guidant le comportement des enfants de manière appropriée ;
- respectant la **DIVERSITÉ** des gens et des foyers ;
- te servant des outils qui peuvent t'aider à faire un meilleur travail, comme ce manuel ;
- évaluant ton propre travail à chaque fois et en t'améliorant toujours.

Les avantages de la garde d'enfants

Il y a bien des avantages à garder des enfants. C'est un très bon moyen d'être près des enfants, de développer de nouvelles compétences, de t'amuser et d'avoir une bonne expérience de travail. C'est aussi une façon de gagner un peu d'argent.

Principes de base

Avant d'entreprendre ton emploi comme gardien professionnel, pense au genre de gardiennage qui te plairait et que tu crois pouvoir le mieux réussir. Mais pense aussi au genre de travail qui peut être un peu trop exigeant pour toi. Si tu n'as jamais gardé des enfants, il est sans doute préférable de commencer par garder un seul enfant pendant deux ou trois heures, lorsqu'un des parents ou des tuteurs est présent ou n'est pas très loin. Une fois que tu te sentiras à l'aise, tu pourras accepter de garder un peu plus longtemps et plus d'un enfant à la fois. Accepte seulement si tu te sens à l'aise avec le travail qu'on te propose!

Avant d'accepter un travail, essaie de t'entendre sur ton salaire avec les parents qui t'engagent. Le nombre d'enfants, le nombre d'heures, le lieu et les tâches qu'on te demandera peut-être de faire, par exemple donner le bain aux enfants ou préparer des repas sont des choses qui comptent pour déterminer combien demander. La plupart des gardiens sont payés à l'heure. Le taux actuel pour la garde d'enfants dans ta région varie entre _____ $ et

_____ $ de l'heure. Avant d'accepter le travail, il vaut mieux que toi et les parents qui t'engagent vous vous mettiez d'accord sur le taux que tu recevras.

Créer un curriculum vitæ

Utilise le modèle de CURRICULUM VITAE à la page 5 pour faire des demandes d'emploi comme gardien. Remplis les espaces blancs. Ensuite, tu peux imprimer ou dactylographier ton curriculum vitæ sur une feuille de papier propre pour le remettre aux parents qui pourraient avoir besoin de tes services.

Notes :

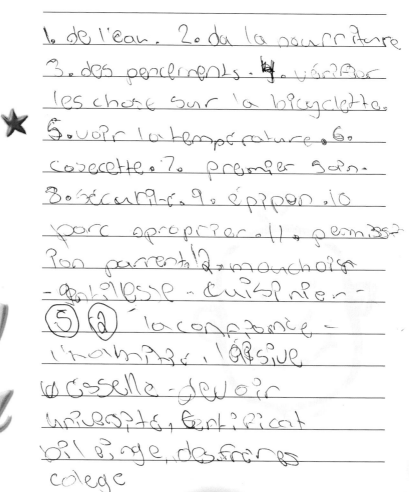

- la balade au parc

1. de l'eau. 2. de la nourriture 3. des pencements. 4. vérifier les chose sur la bicyclette. 5. voir la température. 6. cosecette. 7. premier soin. 8. sécurité. 9. épipen. 10 parc aproprier. 11. permiss? Ton parrent 12. mouchoir - gentilesse - cuisinier - (5) (2) la confiance - l'hombrer, l'absue à cosselle - devoir univeosité, certificat bilingre, des freres colege

Page d'activité

Curriculum vitæ

Nom : _____

Adresse : _____

_____

Numéro de téléphone : _____

Courriel : _____

Études : Je suis à l'école _____

      Je suis en _____ année

      J'ai _____ ans

Formation :
Cours Gardiens avertis de la Croix-Rouge canadienne :
prendre soin des bébés, des tout-petits, des enfants
d'âge préscolaire et scolaire ; développer des techniques de leadership ; créer un environnement sûr ;
faire face aux situations d'urgence et donner les
premiers soins.

Date : _____

Expérience comme gardien d'enfants : _____

_____

Passe-temps : _____

Références : _____
*(Indique le nom, l'adresse et le numéro de téléphone des parents
qui ont fait appel à tes services de gardien d'enfants pendant la
dernière année. N'oublie pas d'appeler ces personnes pour leur
demander leur permission avant de donner leur nom.)*

Comportement professionnel

Que signifie « agir de manière professionnelle »? La garde d'enfants comprend des tas de responsabilités. Les gens qui t'engagent comptent sur toi pour que tu assures la sécurité de leurs enfants et que tu t'occupes bien d'eux. Ils recherchent une personne qui se comporte d'une manière professionnelle. Te comporter en gardien professionnel signifie, entre autres choses, être digne de confiance. Un gardien digne de confiance dit la vérité, prend ses responsabilités au sérieux et suit les directives des parents.

Les parents veulent un gardien sérieux capable de **SURVEILLER** leurs enfants et d'assurer leur sécurité. Ils veulent aussi un gardien de confiance. Un gardien fiable est ponctuel, c'est-à-dire toujours à l'heure, et respecte ses rendez-vous. Les parents veulent aussi un gardien qui fait du bon travail et qui est gentil et respectueux envers leurs enfants. Être un gardien professionnel, c'est tout cela à la fois!

Conseils pratiques – comportement professionnel

- Respecte les habitudes et les règles de la maison.
- Donne toute ton attention aux enfants. N'invite jamais d'amis sauf si les parents t'en ont donné la permission. Reste éveillé à moins d'avoir la permission de dormir. Les enfants passent avant la télé ou tes devoirs.
- Ne garde pas d'enfants si tu es malade. Préviens tout de suite les parents si tu ne peux pas garder leurs enfants au lieu d'attendre à la dernière minute pour voir si tu te sentiras mieux.
- Si tu dois annuler, préviens les parents le plus tôt possible. Il est difficile de trouver un autre gardien à la dernière minute.
- Ne fouille jamais dans les affaires personnelles de la famille ou dans les pièces de la maison où tu vas garder.
- Arrive toujours à l'heure ou un peu plus tôt que prévu.
- Nettoie toujours ce que tu as sali ou ce que les enfants ont sali pendant que tu gardais.

- Demande ce qu'on t'autorise à manger.
- Demande la permission avant d'utiliser la télé, le lecteur DVD, la console de jeu vidéo ou l'ordinateur.
- Sois toujours respectueux envers la famille.
- Porte des vêtements appropriés au travail et au climat.

Auto-évaluation après le travail

De retour chez toi après avoir gardé des enfants, pose-toi les questions suivantes :

- ❑ Quelles sont mes impressions? Est-ce que j'ai fait du bon travail?
- ❑ Est-ce que j'ai fait tout ce que les parents m'ont demandé de faire?
- ❑ Comment les enfants ont-ils réagi?
- ❑ Y a-t-il eu des problèmes?
- ❑ Y a-t-il eu des situations où je ne savais pas trop quoi faire?
- ❑ Quelles bonnes choses sont arrivées?
- ❑ Qu'est-ce qui m'a plu ou qui m'a déplu dans ce travail?
- ❑ Qu'est-ce que je ferai différemment la prochaine fois que je garderai des enfants?
- ❑ Qu'est-ce que j'aurais pu faire pour améliorer mon travail?
- ❑ Si cette famille m'offre encore du travail, vais-je accepter? OUI, pourquoi? NON, pourquoi?
- ❑ Autres commentaires :

Ton rôle

Gardien professionnel demandé pour des enfants bien en vie. Notre gardien doit être fiable, digne de confiance et doit aimer les enfants. De préférence, il doit faire preuve de leadership. Ne pas se présenter si tu n'es pas prêt à respecter les règles de la maison.

Si tu penses que cette description te convient, tu as probablement ce qu'il faut pour être un bon gardien.

Si tu décides de faire de la garde d'enfants ton métier pour les prochaines années, ce manuel t'aidera à mettre ton projet sur pied. Il t'enseignera des méthodes de communication et des techniques de leadership, te donnera des conseils sur la sécurité, sur les soins à donner aux enfants et sur la façon de bien t'entendre avec eux.

Trouver du travail

Le bouche à oreille est la meilleure façon de trouver des clients. Avec l'aide de tes parents, trouve les familles de ton entourage qui pourraient avoir besoin de tes services. Dis aux voisins que tu es à la recherche d'un travail comme gardien. Demande à tes amis qui gardent des enfants de donner ton nom quand ils doivent refuser un engagement.

Pour ta propre sécurité, ne mets pas d'annonces dans le journal, sur un babillard ni sur Internet. Ne donne jamais ton nom, ton numéro de téléphone ou ton adresse à un inconnu.

La première fois qu'on te demande de garder des enfants, pose beaucoup de questions.

Renseigne-toi sur les habitudes et les règles de la maison, sur les mesures de sécurité et sur les soins à donner aux enfants. Lorsque tu parleras à des parents pour la première fois, demande-leur où ils ont eu ton nom. Propose-leur de les rencontrer avant d'aller garder. Demande à tes parents la permission d'aller rencontrer la famille où tu garderas, surtout si ni toi ni tes parents ne connaissez la personne qui appelle. Les parents des enfants pourront alors te fournir tous les renseignements dont tu as besoin. C'est aussi une occasion de rencontrer les enfants et d'apprendre à vous connaître les uns les autres. Si une rencontre avant la date prévue est impossible, essaie de te présenter au moins une demi-heure avant que les parents quittent la maison pour avoir les renseignements dont tu as besoin.

Les parents seront heureux de constater que tu es responsable et bien préparé.

Entrevue au téléphone

Questions à poser :

1. Quels sont vos noms (parents), numéro de téléphone, et adresse?

2. Quel jour et à quelle heure dois-je aller garder les enfants?

3. À quelle heure commence et se termine la garde?

4. Combien d'enfants vais-je garder? Comment s'appellent-ils? Quel âge ont-ils?

5. Y a-t-il un enfant qui demande une attention particulière?

6. Comment est-ce que je me rends chez vous et je reviens chez moi en toute sécurité?

7. Je demande habituellement ___15___ $ de l'heure, est-ce que cela vous convient?

8. Y a-t-il aussi des tâches domestiques (comme promener le chien, laver la vaisselle) à faire?

9. Est-ce que je peux arriver une demi-heure à l'avance pour rencontrer les enfants et discuter de ma liste de vérification? (voir page 10)

10. Est-ce qu'un ami peut venir avec moi? (si tu le désires)

11. Y a-t-il des animaux de compagnie? Sont-ils doux et affectueux?

Règles et habitudes de la maison

Les parents doivent dire clairement ce qu'ils attendent de toi. Comme ils s'occupent continuellement de leurs enfants, il est possible qu'ils oublient de te donner tous les détails que tu dois connaître. S'ils ne te disent pas tout ce que tu dois savoir, pose-leur des questions.

Règles de la maison

- ❏ Quel est le numéro de téléphone où je peux vous joindre?
- ❏ Qui dois-je appeler si vous n'êtes pas disponibles?
- ❏ Quels sont les numéros de téléphone de l'ambulance, de la police, du centre antipoison, des pompiers, du médecin des enfants, des voisins?
- ❏ Où sont les téléphones?
- ❏ Quels endroits de la maison sont interdits?
- ❏ Est-ce que je peux sortir de la maison avec les enfants? Si oui, où pouvons-nous aller?
- ❏ Quels aliments les enfants ont-ils la permission de manger? Qu'est-ce que moi je peux manger?
- ❏ Est-ce qu'un enfant a des allergies?
- ❏ Est-ce que je peux me servir du téléphone?
- ❏ Y a-t-il une clé supplémentaire?
- ❏ L'un des voisins a-t-il une clé supplémentaire?
- ❏ Puis-je regarder la télé et me servir de l'ordinateur?
- ❏ Y a-t-il des règles que les enfants doivent respecter lorsqu'ils se servent du téléphone, de la chaîne stéréo, de la console de jeu vidéo, de la télé ou de l'ordinateur?
- ❏ Quelles sont les méthodes de discipline que vous employez avec vos enfants (compter jusqu'à 3, temps mort)?

Sécurité - Liste de vérification

- ❏ Où la trousse de secours ou les articles de premiers soins se trouvent-ils? (Pour les articles habituels de la trousse de secours, voir page 104 du manuel.)
- ❏ Pouvez-vous me montrer les aires de la maison?
- ❏ Où les détecteurs de fumée et les extincteurs se trouvent-ils?
- ❏ Où gardez-vous la lampe de poche?
- ❏ Quel est le plan d'évacuation de la famille en cas d'urgence?

Habitudes

❐ Quelles sont les habitudes à l'heure du coucher?

❐ Y a-t-il des jouets avec lesquels les enfants aiment jouer en particulier?

❐ Y a-t-il des choses que je dois savoir sur les troubles de santé des enfants, ou sur leurs médicaments (par exemple, un inhalateur ou un EpiPen®)? Si l'enfant prend des médicaments, où sont-ils gardés? Demande des directives très claires.

Conseils de sécurité

La sécurité est importante pour toi comme pour les enfants que tu gardes.

- Cherche à bien connaître les parents qui font appel à tes services de gardien.
- Indique à tes parents l'adresse et le numéro de téléphone du domicile où tu iras garder, les heures où tu y seras et l'heure à laquelle tu rentreras à la maison. Arrange-toi pour connaître l'endroit où se trouvent tes parents pendant que tu gardes au cas où tu aurais besoin d'eux.
- Avant d'accepter de garder des enfants, tu dois avoir un moyen de te rendre sur place et de revenir chez toi en toute sécurité.
- Habille-toi de manière appropriée. Ne porte aucun vêtement qui pourrait égratigner ou blesser les enfants ou te blesser toi-même.
- Accepte de garder des enfants seulement lorsque tu es en bonne santé et en bonne forme.
- Ne bois pas d'alcool, ne fume pas et ne prends aucune drogue.

- Apporte ton manuel *Gardiens avertis* chaque fois que tu vas garder.

- Sois capable d'évaluer les responsabilités que tu peux prendre. Accepte de garder des enfants seulement dans des situations où tu te sens parfaitement confiant.

Sois confiant et à l'aise!

Ce cours t'apprendra des techniques de leadership dont tu auras besoin pour devenir un excellent gardien. Cette formation te préparera à faire face à chaque situation de gardiennage et te permettra d'avoir confiance en tes moyens.

Si tu te sens mal à l'aise d'aller garder chez une famille en particulier, explique aux parents poliment que tu ne pourras plus garder chez eux. Parle de ce que tu ressens à tes parents ou à un adulte en qui tu as confiance.

Attentes de la famille

Les gens qui font appel à tes services te laissent leurs enfants en toute confiance. Il n'est pas facile de trouver des gardiens qui ont une attitude professionnelle face à leur travail. Une fois que des parents ont trouvé la perle rare, un gardien en qui ils ont confiance et que leurs enfants aiment, ils préfèrent le garder.

Les parents ont le droit de s'attendre d'un gardien qu'il possède les qualités nécessaires.

Es-tu?

Quelqu'un qui s'intéresse aux enfants?	oui ☑	non ☐
Capable de surveiller les enfants de manière sûre?	oui ☑	non ☐
Honnête et fiable?	oui ☑	non ☐
En bonne santé physique et mentale?	oui ☑	non ☐
Capable de suivre les directives?	oui ☑	non ☐
Capable d'avoir les idées claires en situation d'urgence?	oui ☐	non ☐
Capable de reconnaître les dangers?	oui ☑	non ☐
Capable de donner les premiers soins de base?	oui ☑	non ☐
Capable de préparer des repas simples?	oui ☑	non ☐
Capable de jouer avec les enfants?	oui ☑	non ☐

Capable de communiquer efficacement?   oui ❏   non ❏

Capable de discuter des responsabilités
et des méthodes de gardiennage?   oui ❏   non ❏

Les parents ont aussi droit à leur intimité. Respecte la vie privée des gens en ne fouillant pas dans leurs effets personnels. Évite aussi de raconter à tes amis toutes sortes de choses sur la famille.

Respect de la diversité

Certaines personnes ont beaucoup de choses en commun. Mais il n'y a pas deux personnes identiques. Les gens ont une apparence différente, agissent différemment et ne partagent pas tous les mêmes croyances. C'est ce qu'on appelle la diversité. La diversité a du bon parce que si le monde était rempli de gens presque identiques, ce serait bien ennuyant! Tu remarqueras peut-être une certaine forme de diversité chez les enfants que tu gardes.

Diversité culturelle. La famille chez qui tu vas garder vient peut-être d'un autre pays ou sa culture est peut-être différente de la tienne. La famille peut porter des vêtements différents, parler une autre langue ou encore parler avec un accent. Peut-être mange-t-elle des mets différents ou fait-elle les choses autrement. Il est agréable d'apprendre de nouveaux mots et d'autres coutumes! Sois respectueux des différences que tu remarques chez l'autre famille et n'hésite pas à poser des questions.

Croyances religieuses. Tes croyances religieuses sont peut-être différentes de celles de la famille chez qui tu gardes. Les enfants célèbrent peut-être d'autres fêtes et leurs traditions sont peut-être différentes. Respecte toutes les familles et leurs croyances religieuses.

Membres de la famille. Chaque famille est en quelque sorte unique. Certains des enfants que tu gardes peuvent vivre avec leur père et leur mère ou avec un seul d'entre eux. D'autres enfants vivent peut-être avec leurs grands-parents ou avec des membres de la famille autres que leur père ou leur mère. Sois respectueux des membres de la famille.

Style de vie familial. Tu remarqueras peut-être que certaines familles chez qui tu vas garder possèdent différents types de maisons et de voitures et que leurs enfants ont différents genres de vêtements et de jouets. Chaque fois qu'on te demande d'aller garder, tu dois faire de ton mieux et donner les mêmes soins à tous les enfants, peu importe le nombre et le genre de choses qu'ils possèdent.

Attentes des enfants

Les enfants ne savent pas ce qui fait un « bon » ou un « mauvais » gardien. Mais une chose est certaine, ils connaissent la différence entre un gardien « amusant » et un gardien « ennuyeux ».

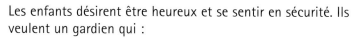

Les enfants désirent être heureux et se sentir en sécurité. Ils veulent un gardien qui :

- connaît les habitudes et les règles de la maison ;
- leur donne un sentiment de bien-être et de sécurité ;
- s'intéresse à eux ;
- joue avec eux ;
- sait quoi faire en cas d'URGENCE.

Un enfant heureux est la meilleure publicité pour un gardien. Veille à ce que les enfants soient en sécurité et se sentent heureux, et tu verras ta clientèle se développer!

Les enfants sont différents

Âge. Les enfants évoluent et leur âge fait une grande différence. Par exemple, un garçon de huit ans ne joue pas de la même façon qu'il jouait à quatre ans. Il est normal que nos intérêts changent avec le temps. Cela fait partie du processus de croissance.

Stades de développement. La plupart des bébés et des enfants se développent de façon semblable. Tous les enfants d'un certain âge sont capables de faire à peu près les mêmes choses. On appelle cela les STADES DE DÉVELOPPEMENT. Par exemple, entre 9 et 12 mois, la plupart des bébés réussissent à se lever et à se tenir debout. Mais il est important de te rappeler que, même si certains des enfants que tu gardes ont le même âge ou ont atteint le même stade de développement, chacun peut agir à sa propre manière.

Filles et garçons. Tu remarqueras peut-être que les garçons et les filles que tu gardes ont parfois les mêmes goûts et agissent de manière semblable. Il ne faut pas croire qu'une fillette ou un garçon n'aime pas certains jeux ou certaines activités.

Différences individuelles. Nous n'aimons pas tous les mêmes choses. C'est ce qui fait de nous des personnes uniques. Certains enfants ont peur de tout, d'autres n'ont peur de rien. Tu dois être conscient que chacun des enfants d'une même famille est unique, ne pense pas nécessairement comme les autres et peut réagir différemment aux situations.

Les attentes de ta propre famille

Tu devras probablement t'entendre avec tes parents pour voir comment la garde d'enfants peut s'intégrer à ton travail scolaire et à tes responsabilités familiales.

Tes parents ont le droit de savoir :

- où tu es ;
- chez qui tu vas garder ;
- à quelle heure tu rentreras à la maison ;
- comment tu rentreras chez toi en toute sécurité.

Notes :

_____

_____

_____

_____

_____

_____

_____

_____

_____

_____

_____

_____

_____

_____

_____

_____

_____

_____

_____

_____

CHAPITRE 2

Prendre soin des bébés

Même si les bébés ne sont pas capables de parler, ils sont capables de communiquer à leur manière. Lorsque tu gardes un bébé, parle-lui. Les bébés ont aussi besoin de la présence des autres. Par exemple, lorsqu'ils se réveillent après une sieste, les bébés aiment qu'on les prenne dans nos bras. Ils savent alors qu'ils ne sont pas seuls et se sentent en sécurité. Si tu interagis avec le bébé que tu gardes et lui donnes de l'attention, tu assures sa sécurité.

La plupart des bébés adorent toucher et tenir des objets. Ils portent souvent des objets à leur bouche. Mais chaque enfant est différent. Ton travail comme gardien est de connaître les enfants dont tu prends soin et apprendre à aimer leurs différences. Voici certaines caractéristiques des bébés.

Stades d'apprentissage des bébés

Les bébés (de nouveau-né à 12 mois) peuvent faire une partie de ces choses, ou même toutes ces choses :

- Chercher à prendre des objets
- Tenir de petits objets
- Parvenir, à plat ventre, à soulever leur poitrine
- Se retourner
- Mettre les mains et des objets dans la bouche

- Rouler ou se tortiller pour aller chercher des jouets
- Se tenir la tête tout seuls (à environ six mois)
- Agripper les cuillères
- S'asseoir
- Marcher à quatre pattes
- Monter l'escalier à quatre pattes, mais non le descendre
- Se montrer timide face aux inconnus
- Se mettre debout (à environ 9 à 12 mois)
- Faire des pas de côté en se tenant aux meubles
- Commencer à marcher
- Dire quelques mots
- Comprendre quand on dit « non »

Tenir le bébé

Dans tes bras

La plupart des bébés aiment qu'on les prenne dans nos bras, mais certains n'aiment pas cela. Respecte les différences individuelles.

1. Parle au bébé d'une voix douce et glisse une main sous ses fesses. Écarte ensuite les doigts de l'autre main et glisse-les sous le cou et le haut des épaules du bébé.

2. Soulève le bébé doucement et lentement, et tiens-le tout contre toi. Tes bras doivent former un hamac confortable pour le bébé, sa tête reposant près du creux de ton avant-bras.

Tenir le bébé appuyé sur ton épaule

Changement de position

3. Tout en continuant de soutenir la tête et le cou du bébé, change-le doucement de position pour que sa tête et sa poitrine soient appuyées sur ton épaule.

N'oublie pas! Un petit bébé ne peut pas soutenir seul sa tête ou son cou avant d'avoir entre quatre et six mois. Tu dois donc toujours soutenir la tête et le cou du petit bébé que tu tiens!

Les couches

C'est une bonne idée de demander aux parents de te montrer comment ils changent la couche de leur bébé. Chacun a sa propre méthode!

1. Rassemble toutes les choses dont tu as besoin avant de commencer à changer la couche, par exemple deux couches, des linges ou des débarbouillettes pour bébés, de la crème (si les parents t'ont dit d'en utiliser) et une serviette pour essuyer le bébé. Avant de prendre le bébé dans son lit après sa sieste, prépare l'endroit où tu changeras sa couche.

- Ne laisse jamais un bébé sans surveillance sur une aire à langer ou sur un lit! Si tu n'es pas attentif, le bébé peut tomber par terre en se tortillant ou en se roulant sur le côté. Si le téléphone sonne, laisse-le sonner!
- Sers-toi toujours des courroies de sécurité ou des barres de maintien sur les côtés de l'aire à langer pour retenir en place le bébé.
- Laisse toujours ta main sur le bébé pour qu'il se sente en sécurité.

2. Il existe deux principaux types de couches : les couches en tissu avec bandes velcro et les couches jetables.

3. Enlève la couche mouillée ou sale. Place la couche sale hors de portée du bébé.

4. D'une main, prends les chevilles du bébé pour lui soulever les jambes et le bassin. Nettoie-lui les fesses avec un linge ou une débarbouillette tiède, en allant de l'avant vers l'arrière pour éviter les infections. Puis, essuie le bébé. Lorsque tu changes la couche d'un garçon, couvre-le si possible avec une débarbouillette ou une couche pour éviter qu'il t'asperge!

5. Si les parents t'ont demandé de mettre de la poudre ou de la crème sur le bébé, c'est le moment de le faire.

6. Soulève les talons du bébé pour glisser une couche propre sous ses fesses. Les attaches collantes doivent être placées de chaque côté au niveau des hanches du bébé. Ouvre la fermeture ou la bande velcro et colle-la vers l'avant. Fais la même chose de l'autre côté.

7. Une fois le bébé habillé et descendu de l'aire à langer, jette la couche sale. Suis les directives des parents à ce sujet.

8. Lave-toi les mains et lave les mains du bébé.
  - Étant donné que les bébés aiment bien porter les mains à leur bouche, il est bon de leur laver les mains souvent, surtout après que leur couche a été changée. Cela peut éviter au bébé certaines maladies. Sers-toi d'une débarbouillette, d'un savon et d'eau fraîche ou tiède pour laver les mains du bébé.

9. Place tous les produits pour bébés que tu as utilisés, hors de portée du bébé. Les produits comme l'huile pour bébés sont très dangereux s'ils sont avalés.

L'habillage

Les bébés se salissent facilement, et ils sont souvent sales surtout après avoir mangé. Il faut souvent changer leurs vêtements, même plusieurs fois par jour. Si tu as besoin de changer les vêtements de bébé et que ses parents n'ont pas laissé de vêtements de rechange, trouve quelque chose de facile à enfiler et d'agréable à porter, par exemple un pyjama à fermeture-éclair ou à boutons-pression.

1. Rassemble tous les vêtements dont tu auras besoin avant de commencer. Tout dépend évidemment du temps qu'il fait, mais le bébé portera probablement une camisole, un gilet, des salopettes ou un pantalon, des chaussettes et peut-être un chandail. Les bébés n'ont pas besoin qu'on leur mette des tas de vêtements sur le dos! D'ailleurs, ils n'aiment pas cela! Habille le bébé aussi chaudement que toi. Pour les bébés de moins de six mois, ajoute une épaisseur de vêtements.

2. Si c'est toi qui choisis les vêtements, évite tout ce qui est étroit et qui doit passer par-dessus la tête comme les cols roulés ou les chandails. Les hauts et les salopettes ou pantalons à boutons-pression sont les plus pratiques pour changer la couche plus tard.

3. Certains bébés détestent être nus parce qu'ils ressentent le froid et ne se sentent pas protégés. Alors, essaie de faire vite et habille le bébé sans hésiter.

4. Les bras et les jambes d'un bébé sont très souples. Tu n'as qu'à glisser doucement le bébé dans ses vêtements.

5. Dépose le linge sale dans le panier à linge ou dans la salle de lavage et n'oublie pas d'en parler aux parents à leur retour à la maison.

L'alimentation

Si les parents s'attendent à ce que tu donnes à manger à un petit bébé, assure-toi qu'ils te donnent des directives claires à ce sujet avant leur départ. Les bébés ont un régime alimentaire bien particulier ; tu dois donc t'assurer que les aliments que tu leur donnes sont bons pour eux. Donne au bébé seulement les aliments que les parents t'ont indiqués, rien d'autre.

Le biberon

1. Lave-toi les mains avant de toucher au biberon d'un bébé.

2. Suis les directives des parents pour la PRÉPARATION LACTÉE. Les bébés peuvent boire le lait maternel, ou encore du lait en poudre ou liquide.

3. Pour réchauffer le lait, place le biberon ou la préparation lactée dans une petite casserole ou un bol, ou encore dans un chauffe-biberon si les parents en utilisent un. Fais couler de l'eau chaude du robinet autour du biberon pour réchauffer le lait.

Remarque : L'extérieur des ailments chauffés au micro-onde peut être tiède alors que l'intérieur peut être brûlant. Ce moyen de chauffage inégal est la raison pour laquelle le micro-onde n'est pas recommandé pour réchauffer le lait.

4. Brasse délicatement le biberon pour qu'il soit réchauffé de façon égale.

Vérifie toujours la température des aliments ou des boissons avant de les donner à l'enfant, en mettant une petite quantité sur l'intérieur de ton poignet. Ils doivent être tièdes et presque à la même température que celle de ton poignet, donc tu ne dois pas sentir grand-chose.

5. Vérifie la température du lait en laissant tomber quelques gouttes sur l'intérieur de ton poignet, là où la peau est la plus sensible. Le lait doit être tiède.

6. Prends le bébé dans tes bras, et assis-toi. Incline le biberon pour que la tétine soit remplie de lait. Mets la tétine dans la bouche du bébé. S'il pleure et ne veut pas boire, tu peux essayer de le calmer en le berçant. Pour un très jeune bébé, touche-lui la joue avec la tétine, il tournera la tête dans cette direction pour téter.

7. Si le bébé crache la tétine, il peut y avoir différentes raisons. Par exemple, la tétine est bouchée ou le bébé doit faire un rot. C'est peut-être aussi que le bébé n'a plus faim. Ne force jamais un bébé à finir son biberon.

8. Demande aux parents si le bébé doit faire des rots. Lorsqu'il aura bu le tiers de son biberon, tiens le bébé à la verticale, la tête appuyée contre ton épaule. Attention! Place une serviette sur ton épaule parce que ce peut être très salissant! Frotte doucement ou tapote le dos du bébé jusqu'à ce que tu entendes un rot. Refais la même chose lorsque le bébé aura bu les

deux tiers du biberon et une fois encore lorsqu'il aura fini son biberon.

9. Ne laisse jamais un bébé seul avec son biberon! Il pourrait vomir et s'étouffer dans son VOMI!

Alimentation à la cuillère

1. Si les parents t'ont demandé de nourrir leur bébé à la cuillère, commence par déposer les aliments pour bébés dans un petit récipient.

2. Pour les réchauffer, place le petit récipient dans un plus grand récipient rempli d'eau chaude.

3. Dans certaines familles, on réchauffe la nourriture du bébé au micro-ondes. Tu dois être très prudent si tu te sers de cet appareil parce qu'il réchauffe parfois les aliments de façon inégale. Si tu vérifies seulement une petite partie des céréales et qu'elles sont tièdes, attention! Quelques centimètres à côté, elles peuvent être bouillantes. Mélange bien la nourriture et vérifie la température sur l'intérieur de ton poignet avant de la servir au bébé.

4. Rassemble toutes les choses dont tu auras besoin sur une table à côté de la chaise haute. Mets le bébé dans sa chaise haute et attache solidement les courroies. Mets-lui une bavette autour du cou. Garde un chiffon tout près pour nettoyer ce que le bébé renversera en mangeant. Ne perds pas patience, il peut y en avoir beaucoup!

5. Certains bébés ont leur cuillère préférée ou une cuillère spéciale. Ne t'attends pas à ce que le bébé mange tout ce qui se trouve dans son assiette. Lorsqu'un bébé pleure ou détourne la tête, c'est qu'il n'en veut plus ou qu'il n'en veut pas. Ne le force pas à manger plus que ce qu'il veut.

6. Il est important de ne pas laisser le bébé sans surveillance dans sa chaise haute. Éloigne les aliments chauds pour que le bébé ne puisse pas les atteindre.

7. Place ensuite les assiettes et les ustensiles dans l'évier hors de portée du bébé.

Trouver les aliments

Parmi les choix suivants, encercle les aliments appropriés à un bébé.

Le coucher

Avant le départ des parents, demande-leur de te décrire les habitudes à l'heure du coucher. À quelle heure le bébé va-t-il au lit? Dois-tu laisser les lumières allumées? Quelle est la couverture « doudou » ou quel est le jouet préféré du bébé? Si le bébé pleure, dois-tu aller le voir tout de suite ou attendre un peu? Combien de temps? Dois-tu donner une suce au bébé dans son lit?

Sors les jouets et les animaux en peluche du lit.

Avant l'heure du coucher, fais des activités calmes comme lire un conte ou chanter une chanson pour aider le bébé à se détendre. Les jeux bruyants peuvent surexciter le bébé plutôt que de l'épuiser.

1. Quand ils ont sommeil, les bébés se frottent parfois les yeux ou sucent leur pouce. Ils peuvent aussi se montrer difficiles ou grincheux.

2. Prends une voix douce et fais des mouvements lents au moment de mettre le bébé au lit. En restant calme toi-même, le bébé le ressentira et cela le calmera.

3. Vérifie s'il n'y a rien de dangereux pour le bébé dans le lit d'enfant (petits objets).

4. Dépose le bébé dans son lit. Place toujours le bébé sur le dos. Assure-toi ensuite que les barreaux du lit sont bien relevés et bloqués. Dis-lui bonne nuit, et sors de la chambre.

5. Si tu écoutes la télé ou de la musique, laisse le volume bas pour pouvoir entendre les pleurs du bébé.

6. Certains bébés pleurent pendant quelques minutes quand on les met au lit ou se réveillent un peu plus tard et se mettent à pleurer. Si le bébé pleure, va le voir. Entre dans la chambre du bébé sans faire de bruit, laisse les lumières éteintes et parle-lui calmement pour le réconforter.

7. Va vérifier dans la chambre toutes les demi-heures sans faire de bruit pendant que le bébé dort.

Demande aux parents de te montrer à l'avance comment fonctionne le lit d'enfant. Certains parents utilisent un appareil de surveillance pour bébés. Cet appareil permet aux parents, ou au gardien, d'écouter le bébé pendant son sommeil ou même de le voir à partir d'une autre pièce de la maison. Si les parents désirent que tu utilises leur appareil de surveillance, demande-leur de t'expliquer comment il fonctionne.

Les pleurs

Les pleurs sont le seul moyen qu'ont les petits bébés de dire aux gens qui les entourent que quelque chose ne va pas ou qu'ils ont besoin de quelque chose. Demande aux parents ce qu'ils ont l'habitude de faire lorsque l'enfant pleure.

1. À vérifier :

- La couverture « doudou » ou la suce du bébé est-elle tombée par terre?
- La couche est-elle mouillée ou sale?
- Le bébé a-t-il faim?
- Le bébé a-t-il besoin de faire un rot?

2. Si tu ne comprends pas pourquoi le bébé pleure, ne pense pas que c'est à cause de toi. Le bébé ne pleure pas parce qu'il ne t'aime pas ou parce que tu ne fais pas bien les choses. Prends-le dans tes bras et berce-le ou promène-le. Parle-lui d'une voix calme. Parfois les bébés sont difficiles sans raison évidente.

Les suces ne doivent pas avoir de ficelles. Avant de donner une suce au bébé, vérifie si elle n'est pas craquée ou déchirée.

Lorsque tu as tout essayé, par exemple tu as nourri le bébé, tu l'as promené, bercé, cajolé et changé de couche, et que malgré tout le bébé n'arrête pas de pleurer, reste calme. Si tu deviens impatient ou te mets en colère, le bébé le ressentira et se mettra probablement à pleurer encore plus fort. Place le bébé sur le dos à un endroit sûr et laisse-le pleurer pendant quelques minutes, en restant tout près. Relaxe et prends de grandes respirations puis essaie à nouveau de calmer le bébé.

Ne secoue jamais un bébé ou un enfant, peu importe ce qui arrive. Il est très dangereux de secouer un bébé ou un enfant. Cela peut entraîner des blessures graves et même la mort. N'oublie pas, même si tu es frustré, impatient ou en colère, ne secoue

jamais un bébé ou un enfant. Calme-toi et change-toi plutôt les idées, mais ne secoue jamais un bébé.

3. Si le bébé n'arrête pas de pleurer et que ses pleurs sont perçants ou incontrôlables, appelle ses parents. Ne sois pas gêné de les appeler. Les parents te diront quoi faire au téléphone, ou rentreront à la maison.

La bonne entente

Les petits bébés aiment tout ce qui attire leurs sens de l'ouïe (oreille), de la vue et du toucher. C'est une bonne idée d'apporter une trousse de gardien chaque fois que tu vas garder. Tu peux mettre dans cette trousse des jeux et des jouets appropriés à l'âge et au stade de développement des enfants que tu gardes. Pour un bébé, apporte un livre plastifié et des jouets musicaux ou sonores. Tu peux collectionner les retailles de tissus variés, comme du velours, du tissu éponge, de la fourrure, du satin, de la laine, et laisser le bébé y toucher. Cela l'amusera. Rappelle-toi que désinfecter les jouets après chaque séance de gardiennage est un bonne idée.

Avoir du plaisir ensemble

Les bébés adorent les visages et les voix. Ils peuvent s'amuser seuls dans leur berceau ou dans leur parc avec quelques jouets, mais ils aiment aussi être là où il y a un peu d'action.

Place le bébé délicatement sur une couverture étendue sur le plancher pour qu'il puisse bouger à son aise et en toute sécurité. Un bébé aime les jouets mous aux couleurs vives, les jouets musicaux, les hochets, les livres plastifiés, les cubes, les chaudrons et les casseroles, les ballons, les jouets sonores. Il aime aussi les jouets faits de pièces qui s'emboîtent les unes dans les autres. La plupart des bébés aiment jouer à « Coucou », « Ainsi font, font, font trois petits tours et puis s'en vont », « Ce petit cochon est allé au marché », etc.

Il ne faut jamais, au grand jamais, secouer un enfant ou un bébé. Ne secoue jamais un bébé, calme-toi plutôt et change-toi les idées.

Créer une trousse de gardien à l'avance est un excellent moyen d'avoir tous les articles nécessaires à portée de la main. Tu n'as qu'à remplir ton sac à dos de jouets et d'autres articles dont tu peux avoir besoin, sans oublier tes listes de vérification, ton manuel *Gardiens avertis*, ta trousse de secours, et... le tour est joué!

Page d'activité

Résolution de problèmes

C'est l'heure de la sieste pour la petite Lucie âgée de six mois. Tu la places donc doucement sur le dos dans son lit. Dès que tu l'as déposée, elle se met à pleurer. Alors tu la prends de nouveau dans tes bras pour la calmer, et elle arrête de pleurer. Après quelques moments de silence, tu la déposes de nouveau dans son lit. Elle pousse un cri plaintif. Que dois-tu faire?

_____

_____

_____

_____

_____

_____

_____

_____

_____

_____

_____

_____

Page d'activité

Raymond a huit mois. Il a sali sa couche. Tu le prends dans tes bras et l'amènes sur l'aire à langer où tu le déposes doucement. Après avoir attaché les courroies autour de lui, tu lui enlèves sa couche sale. Tu te rends compte alors que tu as oublié de prendre une couche propre dans le tiroir à l'autre bout de la pièce. Que dois-tu faire?

_____

_____

_____

_____

_____

_____

_____

_____

_____

_____

_____

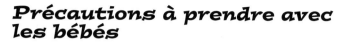

Précautions à prendre avec les bébés

Les bébés adorent toucher des objets et les tenir. Ils aiment particulièrement porter des objets à leur bouche. Une fois qu'ils ont environ trois mois, ils peuvent se retourner. Surveiller sans arrêt les bébés est la meilleure façon d'éviter les blessures.

Les plus grands dangers pour les bébés sont les suivants :

- Les chutes — Ne laisse jamais un bébé sans surveillance sur une aire à langer, sur un canapé ou dans une chaise haute. Si tu dois t'éloigner, amène le bébé avec toi ou remets-le dans son lit ou dans son parc. Sers-toi toujours des courroies de sécurité pour garder l'enfant en toute sécurité dans sa chaise haute ou dans sa poussette.
- Les blessures dans le lit d'enfant — Vérifie le lit avant d'y placer le bébé. Assure-toi qu'il n'y a pas de petits objets dans le lit. Ne mets jamais un oreiller ou une couverture pesante dans le lit. Le bébé peut se mettre la tête sous l'oreiller ou s'enrouler dans la couverture et étouffer. Sers-toi d'une couverture légère seulement. Assure-toi aussi que les cordons des stores vénitiens de la fenêtre ne sont pas près du lit parce que le bébé peut s'étrangler avec les cordons.
- Les brûlures — Tiens toujours le bébé éloigné de la cuisinière, de la cheminée, du radiateur ou des plinthes chauffantes. Ne bois pas de boissons chaudes près d'un bébé. Il peut attraper ta tasse ou tomber sur toi et se brûler (ou te brûler). Sois prudent lorsque tu laves les mains d'un bébé ; utilise une débarbouillette plutôt que de tenir les mains du bébé sous l'eau du robinet. Utilise toujours de l'eau tiède ou fraîche.
- Aspirer, avaler des petits objets ou des morceaux de nourriture et s'ÉTOUFFER — Ne laisse jamais un bébé seul avec son biberon. Tu peux donner d'autres aliments au bébé seulement si tu as la permission de ses parents. Fais attention aux petits objets sur le sol que le bébé peut ramasser puis avaler.
- Se prendre les doigts dans une porte ou débouler l'escalier — Les bébés qui marche à quatre pattes sont de

vrais explorateurs et n'ont peur de rien. Ne leur tourne
jamais le dos un seul instant! Ne laisse jamais un bébé
seul près d'un escalier sans barrière. Méfie-toi des prises
de courant qui ne sont pas recouvertes de cache-prises.
Ne laisse jamais un bébé jouer près des cordons électriques ou des prises de courant. Éloigne les bébés des
armoires pouvant contenir des produits dangereux. Ils
sont curieux de nature et peuvent essayer d'ouvrir les
portes d'armoire ou les tiroirs et se coincer les doigts.
- La NOYADE — Tu ne dois jamais accepter de donner un
  bain au bébé lorsque tu le gardes. Les bébés peuvent
  s'ébouillanter au contact de l'eau et peuvent se noyer
  très facilement. Les bains sont la responsabilité des
  parents ou des proches parents.

Jouets et jeux pour les bébés

Le meilleur moyen d'assurer la sécurité des enfants
est de toujours savoir ce qu'ils sont en train de faire et
de les garder de bonne humeur et occupés. Cela signifie qu'il faut choisir les jouets, les jeux et les activités en fonction de l'âge et des capacités des enfants.

Jouets et jeux pour les bébés de moins de un an :

- Jouets mous aux couleurs vives
- Jouets musicaux
- Hochets
- Livres en tissu
- Jouets de berceau
- Jouets qu'on peut remplir et vider
- Jouets (pas trop petits) qu'on peut monter et démonter
- Gros cubes
- Livres plastifiés
- Jeu « Ainsi font, font, font trois petits tours et puis s'en
  vont »
- Jeu « Ce petit cochon est allé au marché »
- Jeu « Coucou »

Notes :

_____

_____

_____

_____

_____

_____

_____

_____

_____

_____

_____

_____

_____

_____

_____

_____

_____

_____

Trouver les jouets appropriés

Trace des lignes pour relier le bébé à un jouet approprié. Fais un « X » sur le jouet qui est dangereux pour les enfants de tous les âges.

CHAPITRE 3

Prendre soin des tout-petits

Stades d'apprentissage des tout-petits

Les tout-petits (de un à trois ans) peuvent faire une partie de ces choses, ou même toutes ces choses :

- Marcher
- Manger sans aide
- Dire des phrases de un à trois mots
- Essayer de se débrouiller seul
- Grimper sur les meubles
- Courir, sautiller, sauter, grimper et galoper! (tout-petits plus âgés)
- S'habiller (avec un peu d'aide)
- Se brosser les dents (avec un peu d'aide)

La plupart des tout-petits adorent marcher, grimper et explorer le monde qui les entoure. Ils comprennent peut-être ce que tu leur dis, mais ils disent seulement quelques mots que leurs parents semblent les seuls à comprendre. Cela peut être frustrant pour le tout-petit et pour toi.

Les couches

La plupart des tout-petits portent encore des couches. Si la couche n'est pas sale, tu peux la changer facilement et rapidement. Explique au tout-petit ce que tu veux faire et il se fera un plaisir de t'aider. Il sait probablement où se trouvent les couches propres et ira même t'en chercher une!

1. Prends une couche propre.

2. Détache les boutons-pression ou descends son pantalon et enlève la couche sale.

3. Fais coucher le tout-petit sur le dos. Soulève ses jambes pour le nettoyer. Essuie-le bien.

4. Place la couche propre autour du corps du tout-petit. Assure-toi que les fermetures adhésives ou les bandes velcro sont à l'arrière au niveau des hanches. Ouvre la fermeture ou la bande velcro et colle-la vers l'avant. Fais la même chose de l'autre côté.

5. Suis les instructions que les parents t'ont données pour te débarrasser des couches sales.

6. Lave-toi les mains et celles du tout-petit.

7. Lorsque tu auras fini, place tous les produits pour bébés que tu as utilisés, hors de portée du tout-petit. Les produits comme les huiles pour bébés sont très dangereux s'ils sont avalés par un petit enfant.

L'habillage

Les parents désirent peut-être que tu aides l'enfant à s'habiller.

Pour déshabiller un tout-petit :

1. Défais les boutons-pression ou les boutons ordinaires sur le devant du gilet.

2. Si l'enfant porte un t-shirt ou un chandail, sort doucement un bras de la manche puis l'autre bras. Soulève ensuite le vêtement doucement au-dessus de la tête de l'enfant, par-dessus une oreille, et par-dessus l'autre.

Pour habiller un tout-petit :

1. Pour lui mettre un gilet qui se boutonne, défais les boutons ou les boutons-pression. Plisse toute la manche (en accordéon), puis va chercher délicatement le bras du tout-petit, à travers la manche.

Passe doucement la main et le bras du tout-petit pour enfiler la manche. Ramène le gilet autour du dos et fais la même chose pour l'autre bras de l'enfant. Boutonne ensuite le gilet.

2. Pour mettre un t-shirt, étire le col de sorte que la tête du tout-petit passe facilement par l'ouverture. Enfile doucement le t-shirt par-dessus la tête de l'enfant, en prenant bien soin de ne pas accrocher ses oreilles et son nez.

- Une fois que la tête du tout-petit est passée à travers l'ouverture, dirige doucement chaque bras pour les faire passer à travers les manches.

3. Mets le linge sale là où les parents ou les tuteurs t'ont demandé de le mettre.

L'alimentation

N'oublie pas, il ne faut jamais laisser un tout-petit seul dans sa chaise haute.

Les tout-petits sont parfois capables de manger seuls dans leur chaise haute. Ils ne mangent plus d'aliments pour bébés, mais leur nourriture doit être coupée en petits morceaux ou mise en purée. Ils aiment surtout les aliments qu'ils peuvent tenir avec leurs doigts. Les aliments durs ou solides comme les fruits ou les légumes crus doivent être coupés en tout petits morceaux. Les hot-dogs ou les saucisses doivent être coupés en bâtonnets puis recoupés en petits morceaux. Les tout-petits doivent encore porter une bavette! Après chaque repas, tu dois bien nettoyer la chaise haute et partout autour.

- Éloigne la chaise haute de la cuisinière, des appareils électriques et des liquides chauds pour que le tout-petit ne puisse pas les atteindre.
- Éloigne la chaise haute des tables et des murs pour que l'enfant ne puisse pas faire basculer sa chaise.
- Ne permets pas à l'enfant de se lever ou de se tenir debout dans la chaise haute. Attache-le bien avec des courroies de sécurité. Veille à ce que le tout-petit reste assis calmement quand il mange. Il peut s'étouffer facilement s'il marche ou court en mangeant.

Page d'activité

Trouver les aliments

Parmi les choix suivants, encercle les aliments appropriés à un tout-petit.

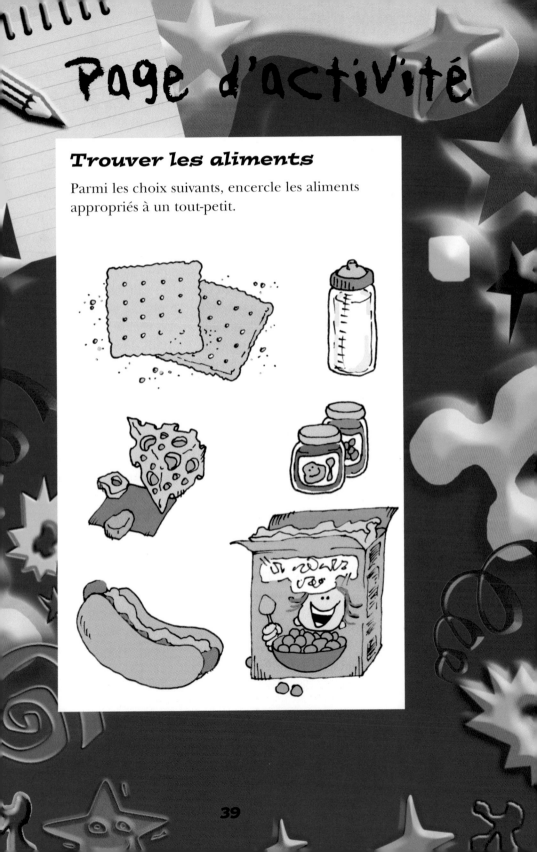

Choisis des activités calmes comme lire des contes avant l'heure du coucher.

Le coucher

Les tout-petits dépensent beaucoup d'énergie! Ils ont besoin de se reposer mais ils ne veulent pas toujours aller dormir. Demande aux parents du tout-petit quelles sont ses habitudes à l'heure du coucher et respecte-les.

Il est facile de se rendre compte que les tout-petits ont sommeil lorsqu'ils se mettent à se frotter les yeux, à se tirer les oreilles ou encore lorsqu'ils ont des cernes autour des yeux.

Aide l'enfant à se préparer pour la sieste et pour le coucher en faisant des activités calmes comme lire un conte ou écouter la télé. Tu penses peut-être que les jeux d'action l'épuiseront. En réalité, c'est plutôt le contraire qui se produit, l'enfant devient surexcité et ne peut plus s'endormir.

Sois ferme à l'heure du coucher. Respecte la routine normale d'un tout-petit, dis-lui que tu es tout près et souhaite-lui bonne nuit.

La bonne entente

Connais-tu des enfants qui n'aiment pas les surprises? Un moyen efficace d'avoir du succès est d'apporter une trousse de gardien remplie de jouets, de livres, d'autocollants, de timbres, sans oublier une liste d'idées de jeux et d'activités. Explique clairement à l'enfant que tu partages ces objets avec lui mais que ces objets t'appartiennent et que tu les rapporteras chez toi. Assure-toi que les objets ne sont pas dangereux et qu'ils sont appropriés au tout-petit que tu gardes.

Sers-toi de ton imagination. Imite un animal et demande à l'enfant de deviner quel est cet animal. Apporte des livres pour enfants ou de la pâte à modeler.

Avoir du plaisir ensemble

La plupart des tout-petits sont très curieux et peuvent être mal pris parce qu'ils ne sont pas conscients du

danger. La meilleure façon d'assurer leur bien-être et leur sécurité est de jouer avec eux!

Les tout-petits aiment les jouets d'action comme les trains, les autos, les téléphones, les jouets qu'on pousse et qu'on tire, les poupées, les jeux de construction, les petits bateaux, les jeux dans le sable et dans l'eau, la vaisselle en plastique, les instruments de musique et les livres. Les tout-petits adorent mettre des objets dans leur bouche. Garde hors de leur portée les piles ou les jouets qui ont des petites pièces.

Notes :

_____

_____

_____

_____

Page d'activité

Résolution de problèmes

La petite Olivia, âgée de deux ans, est habituellement très gentille et ne te cause jamais de problèmes. Mais ce jour-là, elle se conduit très mal. Elle sait qu'elle ne doit pas toucher aux produits de maquillage de sa mère. Elle essaie quand même de prendre un bâton de rouge à lèvres et, lorsque tu lui dis « Non, Olivia », elle attrape ton bras et te mord. Que dois-tu faire?

_____

_____

_____

_____

_____

_____

_____

_____

_____

_____

_____

_____

_____

_____

Le petit Samuel de dix-huit mois vient tout juste de se réveiller après sa sieste de l'après-midi. Tu lui dis : « Il fait très beau. Nous allons jouer dehors dans la cour arrière ». Pendant que tu l'aides à mettre son pantalon, il gigote fort de façon à ce que le pantalon tombe par terre. Il a l'air fier de lui et il se met à courir partout dans la chambre, en refusant toujours de s'habiller. Que dois-tu faire?

Crises de colère

Parfois les tout-petits se mettent à crier et à hurler et se jettent par terre enragés et frustrés. Tu ne peux pas les empêcher de faire des crises. Attends que l'enfant arrête de lui-même. Éloigne de lui tout objet ou meuble qui peut le blesser. Ne dis rien. Reste assis calmement jusqu'à ce que la crise passe. Les cris vont graduellement se transformer en pleurs. Tapote le dos du tout-petit ou caresse-lui les cheveux. Quand la crise sera finie, propose-lui une activité pour lui changer les idées. Garde ton calme. Tu ne dois jamais secouer un enfant, le menacer, le saisir, le taper, ou crier après lui. N'oublie pas… Ne secoue jamais un enfant, calme-toi plutôt et change-toi les idées!

Précautions à prendre avec les tout-petits

Les tout-petits peuvent faire des tas de choses, mais ils ne sont pas conscients du danger. Il faut les surveiller continuellement parce qu'on ne sait jamais ce qu'ils veulent faire! Le meilleur moyen d'éviter les problèmes est de jouer avec eux et de les surveiller sans arrêt.

Les plus grands dangers pour les tout-petits sont les suivants :

- Les chutes — Les tout-petits peuvent marcher et grimper, mais leur équilibre n'est pas parfait. Ils peuvent facilement débouler l'escalier. Les barrières de sécurité au haut et au bas de l'escalier peuvent prévenir ces chutes. Les enfants de plus de deux ans sont parfois capables de grimper par-dessus les barrières pour bébés. Les tout-petits combinent aussi leurs habiletés à marcher et à grimper avec leur façon de voir le monde. Par exemple, ils se serviront du tabouret de la cuisine pour grimper sur le comptoir et aller chercher des biscuits dans l'armoire. Pour ouvrir l'armoire, ils doivent tirer très fort sur la porte. Ils peuvent alors perdre l'équilibre, tomber et se faire très mal. Reste près d'eux pour prévenir les chutes possibles.

- Avaler des objets — Les tout-petits peuvent facilement s'étouffer avec des aliments ou des objets. Garde les jouets qui ont des petites pièces ou des piles hors de leur portée. Tiens-toi toujours près d'eux lorsqu'ils mangent et coupe leurs aliments en petits morceaux.

- Des objets coincés dans le nez et les oreilles — Les tout-petits essaient encore parfois de mettre des objets dans leur nez ou dans leurs oreilles. En jouant avec eux et en les surveillant, tu peux empêcher des gestes dangereux comme ceux-là.

- Les chocs et les coups — Les tout-petits ne peuvent pas prévoir le danger. Ils ne pensent qu'au moment présent. Courir après le chat peut être très amusant jusqu'au moment où ils perdent l'équilibre et vont se frapper la tête sur le coin de la table. Si le tout-petit devient trop excité, essaie de le distraire en lui proposant un autre jeu ou une autre activité.

- Les brûlures — Éloigne les enfants de toi lorsque tu prépares des boissons ou des repas chauds. Ils peuvent essayer de prendre une casserole sur la cuisinière sans savoir qu'elle est remplie d'eau bouillante. Ils peuvent aussi grimper sur la cuisinière, en pensant qu'elle fait partie du comptoir, pour aller chercher des biscuits dans la jarre à biscuits sans se rendre compte que les éléments sont allumés.

Éloigne aussi les boissons et les aliments chauds des jeunes enfants. Avant de donner des boissons ou des aliments à un enfant, vérifie s'ils sont juste assez chauds mais jamais brûlants. Si tu te sers d'un four à micro-ondes pour réchauffer le repas d'un enfant, mélange bien les aliments et vérifie la température avant de les servir à l'enfant.

Surveille sans arrêt les enfants lorsqu'ils sont dans l'eau ou près de l'eau.

Dans la salle de bains, les tout-petits peuvent ouvrir le robinet d'eau chaude et se brûler dans la baignoire. Dans la cuisine ou dans la salle de bains, reste toujours à côté des tout-petits.

- L'EMPOISONNEMENT — Les tout-petits adorent imiter les grands. S'ils voient un adulte prendre un comprimé d'aspirine ou des vitamines, ils veulent faire la même

chose. Si tu vois des produits chimiques ou autres sub-
stances dangereuses qui n'ont pas été rangés conve-
nablement, place-les dans un endroit sûr, hors de portée du
tout-petit. N'oublie pas de dire aux parents où tu les as mis,
lorsqu'ils rentreront à la maison.

- La noyade — Les tout-petits aiment l'eau mais ne comprennent pas le danger qu'elle représente. Si les parents t'ont
  demandé d'accompagner l'enfant à une pataugeoire ou de lui
  donner un bain, reste assez près de l'enfant pour être capable
  de le sortir de l'eau tout de suite seulement en tendant le
  bras. Lorsqu'ils s'amusent dans une pataugeoire, les tout-
  petits doivent être surveillés sans arrêt pour qu'ils ne se mettent à courir ou à jouer de façon dangereuse. Ne laisse jamais
  un tout-petit seul dans la baignoire ou près d'une baignoire
  même si le téléphone sonne. Il faut surveiller sans arrêt les
  tout-petits pour s'assurer qu'ils restent assis et jouent en
  toute sécurité dans l'eau. Ils ne peuvent jamais être laissés
  sans surveillance en toute sécurité lorsqu'ils sont dans l'eau,
  sur l'eau ou près de l'eau. Tu peux apprendre à super-viser
  adéquatement les tout-petits lorsqu'ils sont dans l'eau ou près
  de l'eau, grâce au cours d'assistant surveillant-sauveteur de la
  Croix-Rouge.

- Les blessures par des objets tranchants — Lorsqu'un tout-
  petit a vu son père se raser, il pourrait chercher à grimper
  jusqu'à l'armoire à pharmacie pour prendre le rasoir. Place
  les objets tranchants dans un endroit sûr hors de portée des
  enfants. Les tout-petits combinent souvent leurs capacités
  de marcher et de grimper avec leurs aptitudes manuelles de
  façon imaginative, mais parfois dangereuse. Surveille de très
  près les tout-petits.

N'oublie pas : Les tout-petits ne sont pas conscients des
dangers et ils ont besoin d'être surveillés sans arrêt.

Jouets et jeux pour les tout-petits

Jouets et jeux pour les tout-petits de moins de trois ans :

- Gros cubes
- Voitures et camions
- Livres d'images
- Jouets qu'on peut pousser et tirer
- Vaisselle pour jouer
- Poupées et marionnettes
- Coffre à outils pour jouer
- Boite à surprise
- Cheval à bascule
- Casse-tête
- Empiler des cubes et les faire tomber
- Faire rouler un ballon
- Jouer à cache-cache

Notes :

_____

_____

_____

_____

_____

_____

_____

_____

_____

_____

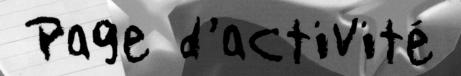

Trouver les jouets appropriés

Trace des lignes pour relier le tout-petit à un jouet approprié. Fais un « X » sur le jouet qui est dangereux pour les enfants de tous les âges

CHAPITRE 4

Prendre soin des enfants d'âge préscolaire

Stades d'apprentissage des enfants d'âge préscolaire

Les enfants d'âge préscolaire (de trois à cinq ans) peuvent faire une partie de ces choses, ou même toutes ces choses :

- Monter et descendre l'escalier sans aide
- S'habiller et mettre leurs chaussures seul
- Se servir d'une fourchette et d'une cuillère
- Se brosser les dents seuls
- Bien parler
- Poser des tas de questions
- Faire l'APPRENTISSAGE DE LA PROPRETÉ
- Commencer à avoir la notion du temps
- Apprendre à conduire un tricycle ou un vélo avec des roues stabilisatrices
- Se donner en spectacle

Les enfants d'âge préscolaire marchent, courent, parlent, s'habillent et mangent seuls. Ils apprennent à aller aux toilettes sans aide. Les enfants d'âge préscolaire connaissent bien des choses et peuvent même t'expliquer comment faire plein de choses. C'est pourquoi il est important que les parents t'expliquent les habitudes et les règles de la maison. Et il est bon qu'ils donnent ces explications devant leur enfant. Cela facilitera beaucoup ta tâche.

L'alimentation

Demande aux parents ce que l'enfant peut manger. N'oublie pas de t'informer si l'enfant souffre d'allergies. Un enfant d'âge préscolaire a ses propres idées sur la nourriture. Ne le contredis pas et ne l'obstine pas. Essaie plutôt de l'encourager à manger ce qu'il a dans son assiette et à goûter à de nouveaux aliments. Lave-lui les mains et le visage avant et après le repas.

Les parents de l'enfant d'âge préscolaire que tu gardes réchauffent peut-être les aliments dans le micro-ondes. Sois prudent si tu te sers du micro-ondes parce qu'il ne réchauffe pas toujours les plats de façon égale. Mélange bien les aliments après les avoir sortis du micro-ondes. Avant de servir les enfants, vérifie toujours la température des aliments et des boissons en déposant une petite quantité sur l'intérieur de ton poignet.

Pour s'asseoir à table, certains enfants d'âge préscolaire ont besoin d'un siège d'appoint (ou siège d'enfant). Fixe solidement ce siège à la chaise au moyen des courroies réglables. Place ensuite l'enfant dans son siège d'appoint et passe l'autre courroie autour de sa taille puis attache-la. S'il le faut, rapproche la chaise de la table pour que l'enfant puisse atteindre les aliments sans difficulté.

La plupart des enfants d'âge préscolaire mangent avec leurs doigts, mais certains se servent d'une petite fourchette ou d'une cuillère. La plupart des enfants s'amusent en mangeant. Ne t'en fais pas s'ils salissent autour d'eux.

Collations saines pour les enfants d'âge préscolaire :

- yogourt
- muffins
- fruits frais
- biscuits nature
- jus

- craquelins
- fromage
- œufs durs
- lait
- légumes

Page d'activité

Trouver les aliments

Parmi les choix suivants, encercle les aliments appropriés à un enfant d'âge préscolaire.

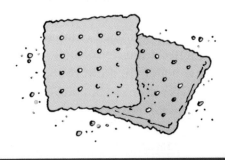

Apprentissage de la propreté

Si l'enfant n'arrive pas aux toilettes à temps, ne te fâche pas et dis-lui bien que ce n'est pas grave du tout.

L'enfant d'âge préscolaire que tu gardes va probablement aux toilettes, mais il peut avoir besoin d'un peu d'aide. Demande aux parents quelles sont les habitudes de l'enfant quand il va aux toilettes et comment lui dire qu'il doit y aller. Rappelle-toi que les petites filles doivent s'essuyer de l'avant vers l'arrière pour éviter les infections.

Encourage l'enfant que tu gardes à aller aux toilettes avant de sortir, avant de manger et avant de se coucher. Tu auras probablement plus de succès si tu dis : « Bon, il est temps d'aller aux toilettes » plutôt que de dire : « As-tu besoin d'aller aux toilettes? ». Si tu poses la question, la réponse peut bien être « non ».

Ne te fâche pas si l'enfant manque son coup. Il pourrait se sentir coupable. Dis-lui que ce n'est pas grave, essuie-le et encourage-le à essayer à nouveau la prochaine fois.

L'habillage

La plupart des enfants d'âge préscolaire peuvent s'habiller eux-mêmes et s'obstineront probablement à décider de ce qu'ils veulent porter. Laisse l'enfant choisir les vêtements qu'il préfère ou fais-le choisir entre deux vêtements. Mais assure-toi que les vêtements sont appropriés au temps qu'il fait ou à l'activité prévue. Par exemple, une petite robe d'été sans manches n'est pas appropriée en plein hiver!

Le coucher

Il est important de connaître les habitudes de l'enfant à l'heure du coucher, comme à quelle heure il va habituellement au lit. Assure-toi que l'enfant entend bien ses parents t'expliquer les directives pour le coucher.

Avertis l'enfant à l'avance que l'heure du coucher approche. Cela lui permet de finir ce qu'il est en train de faire et de se mettre dans la tête qu'il doit aller au lit. Ne bouscule pas l'enfant. L'heure du coucher est une période de calme et de détente. Sois ferme si l'enfant refuse d'aller au lit et se montre capricieux.

Il arrive à l'occasion que les enfants d'âge préscolaire mouillent leur lit. Si cela se produit, ne te fâche pas. Dis-lui que ce n'est pas grave du tout. Change les vêtements de l'enfant puis change les draps et les couvertures. Lorsque les parents seront de retour, n'oublie pas de leur dire ce qui est arrivé.

Les enfants de cet âge ont parfois peur de l'obscurité ou font des cauchemars. Si tu entends l'enfant crier, va tout de suite le voir. Prends-le dans tes bras, réconforte-le, rassure-le et écoute-le. Reste près de lui. Parle-lui et essaie de l'amener à parler de sujets plus gais. Lorsque l'enfant a retrouvé son calme, borde-le dans son lit. Dis-lui que tu restes tout près de sa chambre.

La bonne entente

Remplis ta trousse de gardien de jouets et de jeux, comme des crayons de couleur et des albums à colorier. Apporte de vieux magazines et propose un thème de découpage et de collage (animaux, hiver, jardins, aliments). Montre à l'enfant comment se servir prudemment de ciseaux.

Avoir du plaisir ensemble

Les enfants d'âge préscolaire sont indépendants et s'expriment bien. Ils sont parfois débordants d'énergie et ils peuvent faire une petite crise de temps à autre.

Les enfants de cet âge adorent faire semblant. Ils aiment les casse-tête, les poupées, les devinettes, les livres, le dessin, le collage et la pâte à modeler. Ils raffolent des jeux d'imitation et adorent jouer à cache-cache.

Les enfants d'âge préscolaire devraient passer la plus grande partie de leur temps à jouer et à faire des activités sociales et non pas à écouter la télé. Si l'enfant écoute la télé, demande aux parents quelles émissions il est autorisé à écouter. La famille a peut-être une collection spéciale de cassettes vidéo et de DVD pour l'enfant. N'oublie pas, même si certains films ou émissions ne te font pas peur à toi, ils peuvent faire peur à un enfant d'âge préscolaire.

Résolution de problèmes

Toi et la petite Anna de trois ans allez vous amuser au parc. Anna a beaucoup de plaisir sur les balançoires, dans la glissoire et dans le manège. Au bout d'une heure, tu dis à Anna qu'il est temps de rentrer à la maison pour manger. Anna ne fait pas attention à toi et court vers la balançoire. Tu lui répètes qu'il est temps de partir et cette fois elle te crie « Non, bon! Je ne veux pas m'en aller! » Que dois-tu faire?

_____

_____

_____

_____

_____

_____

_____

_____

_____

_____

_____

_____

_____

_____

Page d'activité

C'est l'heure du repas du midi. Tu aides le petit Luc à se laver les mains et à monter sur son siège d'appoint à table. Tu as préparé son repas préféré, des macaroni au fromage. Mais il n'a pas l'air de vouloir manger. Au lieu de manger, il commence à jouer avec les macaroni et à tout salir autour de lui. Que dois-tu faire?

_____

_____

_____

_____

_____

_____

_____

_____

_____

_____

_____

_____

_____

_____

Tu peux parfois deviner si l'enfant est surexcité ou frustré par sa voix ou par sa façon de bouger. C'est à ce moment que tu dois proposer un changement d'activité. La plupart du temps, il est possible de voir venir les problèmes et de les éviter.

Comme dernière solution, l'enfant d'âge préscolaire peut avoir besoin d'une « période de repos » pour se calmer un peu et laisser sortir sa frustration. N'isole pas l'enfant. Sois gentil avec lui et explique-lui comment il peut agir autrement de façon positive. Une fois la période de repos terminée, serre l'enfant dans tes bras et passe à une autre activité.

Les enfants d'âge préscolaire aiment dire « non », alors ne leur pose pas de questions ouvertes. Fais attention aux choix que tu offres. Ne demande pas : « Veux-tu du lait? », mais plutôt : « Veux-tu ton lait dans la tasse rouge ou dans la tasse verte? ».

Précautions à prendre avec les enfants d'âge préscolaire

Tu dois savoir où l'enfant, que tu gardes, a la permission de jouer et connaître les endroits de la maison qui lui sont interdits. Les enfants d'âge préscolaire sont bruyants. Donc, si tu n'entends rien, ce n'est peut-être pas bon signe! Si tout semble trop tranquille, va voir ce qui se passe.

L'enfant d'âge préscolaire a des idées bien à lui sur beaucoup de choses. Par exemple, il te dira : « Mon papa me laisse toujours monter dans cet arbre ». C'est peut-être vrai, mais si son père ne te l'a pas confirmé lui-même et que tu as peur que l'enfant se blesse, fais passer la sécurité avant tout et demande à l'enfant de descendre de l'arbre. Propose-lui un autre jeu.

Les plus grands dangers pour les enfants d'âge préscolaire sont les suivants :

- Les chutes — La plupart des enfants d'âge préscolaire adorent le terrain de jeu et aiment grimper. Si l'enfant n'est pas prudent ou bouge trop vite, il peut facilement perdre l'équilibre et tomber. Surveille l'enfant attentivement. S'il devient surexcité, essaie de le distraire en lui proposant un autre jeu ou une autre activité.

- Les blessures en jouants — Les enfants d'âge préscolaire trouvent le moyen de se blesser de mille et une façons en jouant. Ils peuvent faire semblant d'être dans une cabine téléphonique et essayer d'insérer une pièce de monnaie dans une prise de courant. Ou encore jouer au fantôme et se mettre un sac de plastique sur la tête. L'enfant peut alors s'étouffer. Les sacs de plastique doivent être gardés hors de portée des enfants. En jouant à cache-cache, l'enfant peut aller se cacher dans un coffre ou dans une armoire où il aura de la difficulté à respirer. Si tu joues avec les enfants, tu peux prévenir ce genre de dangers.

- L'empoisonnement — L'enfant d'âge préscolaire peut jouer, par exemple, au malade qui est à l'hôpital. Il voudra alors prendre du sirop contre la toux pour se soigner et ira fouiller dans l'armoire à pharmacie en prendre une gorgée. Veille à ce que tous les produits chimiques dangereux et les médicaments soient rangés dans un endroit sûr, hors de portée des enfants.

La surveillance (aux côtés de l'enfant) est la clé du succès pour assurer la sécurité des enfants que tu gardes.

- La noyade — Peut-être que tu gardes un enfant d'âge préscolaire qui apprend à nager et qui adore l'eau. Si l'enfant est habile et très confiant, tu seras peut-être moins attentif et tu te laisseras distraire. Pendant ces quelques secondes de manque d'attention, l'enfant peut aller dans un endroit plus profond et avoir de l'eau par-dessus la tête. Ne va pas te baigner avec un enfant d'âge préscolaire s'il n'y a pas de surveillant-sauveteur ou d'adulte présent pour assurer une supervision supplémentaire. Ne quitte jamais un enfant des yeux lorsqu'il est dans l'eau! Tu dois rester assez près de l'enfant lorsqu'il est dans l'eau, sur l'eau ou près de l'eau pour être capable de le sortir tout de suite de l'eau seulement en tendant le bras.
- Avaler des objets — Les enfants d'âge préscolaire aiment encore mettre des objets dans leur bouche. Par exemple, ils peuvent essayer de battre un record en comptant combien de billes ou autres petits objets ils arrivent à se mettre dans la bouche. Il ne faut pas permettre aux enfants d'âge préscolaire de jouer avec des billes parce qu'ils peuvent s'étouffer.

Jouets et jeux pour les enfants d'âge préscolaire

Jouets et jeux pour les enfants d'âge préscolaire

- Poupées et camions
- Papier et crayons
- Livres d'images
- Peinture
- Ballons
- Jeux pour le carré de sable
- Vaisselle pour jouer
- Petit balai
- Pâte à modeler
- Déguisements
- Jeux extérieurs
- Bulles de savon

Page d'activité

Trouver les jouets appropriés

Trace des lignes pour relier l'enfant d'âge préscolaire à un jouet approprié. Fais un « X » sur le jouet qui est dangereux pour les enfants de tous les âges.

CHAPITRE 5

Prendre soin des enfants d'âge scolaire

Stades d'apprentissage des enfants d'âge scolaire

Les enfants d'âge scolaire (cinq ans et plus) peuvent faire une partie de ces choses, ou même toutes ces choses :

- Comprendre les règles des jeux
- Faire la différence entre « faire semblant » et la réalité
- Se débrouiller davantage sans l'aide des autres
- S'intéresser aux sports et à la musique

Les enfants d'âge scolaire sont habitués à la compagnie des gens. Ils admirent les « grands » c'est-à-dire les enfants plus vieux et les adolescents. Si tu t'intéresses aux goûts et aux activités de l'enfant d'âge scolaire, il te considérera comme son ami et te respectera.

L'alimentation

Demande aux parents, de l'enfant d'âge scolaire que tu gardes, quelles sont les directives pour les collations et les repas. Quelle est l'heure des repas? Quels aliments dois-tu servir à l'enfant ou lui refuser? L'enfant souffre-t-il d'allergies?

Choisis des aliments sains, c'est-à-dire bons pour la santé, quand tu prépares un repas. Le *Guide alimentaire canadien pour manger sainement* recommande des aliments parmi les quatre couleurs de l'arc-en-ciel :

produits céréaliers (céréales), fruits et légumes, produits laitiers, viandes et substituts (autres produits du même genre). Prépare des aliments sains et amusants. Coupe les sandwiches en cercles ou en triangles pour offrir le « bal des fourmis sur une branche » (bâtonnets de céleri avec du beurre d'arachide et des raisins; utilise du fromage à tartiner pour les enfants allergiques au beurre d'arachide). Les collations sont un excellent moyen de refaire le plein d'énergie. Choisis des collations parmi les différentes catégories alimentaires : un verre de lait et quelques craquelins Graham, du yogourt ou quelques céréales sèches.

Il est mieux que l'enfant soit présent pour entendre ses parents t'expliquer les règles et les habitudes de la maison. Cela évite les conflits du genre : « Ma mère me laisse toujours manger de la crème glacée comme collation! ».

Les enfants d'âge scolaire aiment bien qu'on les traite comme de grands garçons ou de grandes filles. Demande-leur de t'aider à préparer les repas. Ils peuvent par exemple mettre la table, aider à préparer des sandwiches et verser le lait.

Notes :

_____

_____

_____

_____

_____

_____

Page d'activité

Trouver les aliments

Parmi les choix suivants, encercle les aliments appropriés à un enfant d'âge scolaire.

Le coucher

Il est important que tu sois au courant des habitudes à l'heure du coucher. Combien d'histoires lui lire? Prend-il un verre d'eau avant d'aller au lit? Quoi faire s'il se réveille?

Sois ferme s'il ne veut pas rester dans son lit. Si l'enfant te dis « Je ne suis pas capable de dormir », laisse-le regarder quelques livres ou jouer calmement dans son lit une dizaine de minutes. Après ces dix minutes, dis à l'enfant qu'il est maintenant temps de dormir.

La bonne entente

La meilleure façon de bien s'entendre avec les enfants est d'avoir une attitude positive. Si tu tiens les enfants occupés et si tu les gardes de bonne humeur, vous passerez d'agréables moments ensemble.

Les bonnes impressions sont importantes. Pour que tout commence bien, sois sympathique et intéresse-toi à ce que font les enfants, sans toutefois exagérer.

Par exemple, lorsque vient l'heure du coucher, au lieu de dire : « Tu dois maintenant fermer la télé et aller te coucher », essaie plutôt une formule comme : « C'est l'heure des histoires avant de dormir. Veux-tu choisir des histoires dans ta bibliothèque ou préfères-tu jeter un coup d'œil aux histoires que j'ai apportées? Va te brosser les dents et mettre ton pyjama… tes héros t'attendent! ».

S'il y a un problème, reste positif et trouve un terrain d'entente pour que tout le monde se sente gagnant. N'insiste pas sur les choses négatives. Ne change pas d'idées et dis des choses vraies. Ne fais pas de menaces ou de promesses. Reste ferme sur les règles de sécurité!

L'enfant d'âge scolaire que tu gardes a probablement des intérêts particuliers. Essaie de savoir à l'avance quels sont ses intérêts. Par exemple, il peut avoir une collection de cartes, tu pourras alors en apporter quelques-unes si tu en as. Mets quelques jeux de société et jeux de cartes dans ta trousse de gardien. Ces jeux sont aussi populaires pour ce groupe d'âge.

Avoir du plaisir ensemble

Parle avec l'enfant que tu gardes pour connaître ce qui l'intéresse le plus. Ce sera un excellent point de départ. S'il a une collection d'insectes, demande-lui de te la montrer et, si c'est possible, va faire une promenade avec l'enfant pour trouver d'autres insectes qu'il ajoutera à sa collection.

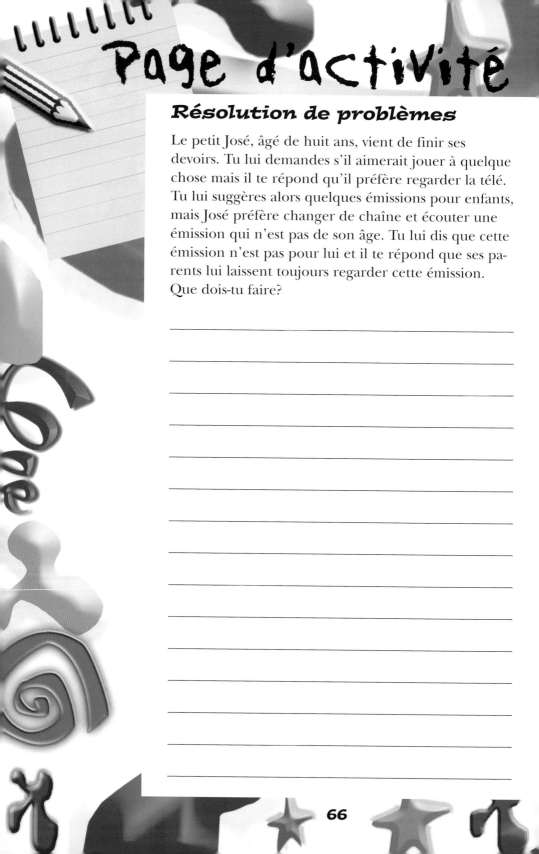

Page d'activité

Résolution de problèmes

Le petit José, âgé de huit ans, vient de finir ses devoirs. Tu lui demandes s'il aimerait jouer à quelque chose mais il te répond qu'il préfère regarder la télé. Tu lui suggères alors quelques émissions pour enfants, mais José préfère changer de chaîne et écouter une émission qui n'est pas de son âge. Tu lui dis que cette émission n'est pas pour lui et il te répond que ses parents lui laissent toujours regarder cette émission. Que dois-tu faire?

Tes parents t'ont demandé de surveiller ta petite sœur Phuong pendant qu'ils vont voir une pièce de théâtre. Ils te demandent de voir à ce que Phuong range sa chambre parce qu'elle ne l'a pas fait la veille et que tout est en désordre. Phuong est dans sa chambre depuis 15 minutes. Tu décides alors d'aller voir si elle fait bien son ménage. En ouvrant la porte, tu te rends compte que la chambre est encore très en désordre. Ta sœur est étendue sur son lit en train de lire. Tu lui répètes qu'elle doit faire le ménage de sa chambre, mais elle te répond : « Ce n'est pas à toi de me dire quoi faire! Tu n'es pas ma mère! ». Que dois-tu faire?

_____

_____

_____

_____

_____

_____

_____

_____

_____

_____

_____

_____

Les enfants d'âge scolaire pensent que les « grands » sont formidables. Si tu t'intéresses à ce qu'ils aiment faire, tu auras probablement devant toi un jeune enfant prêt à t'aider.

Les enfants d'âge scolaire sont assez grands pour connaître les règles et les habitudes de la maison. Si l'enfant que tu gardes ne respecte vraiment pas les règles, tu peux l'envoyer réfléchir un certain temps dans sa chambre. Une fois cette période de réflexion terminée, demande-lui de jouer avec toi. Ne reparle plus de ce qui s'est passé.

Précautions à prendre avec les enfants d'âge scolaire

Si tu penses qu'il peut y avoir un danger, fais passer la sécurité d'abord et dis « non ». N'oublie pas que c'est toi le chef!

Les enfants d'âge scolaire aiment parfois se donner en spectacle. Ils sont habiles et indépendants et ont confiance en leurs moyens. L'enfant que tu gardes connaît les règles de la maison mais il peut bien te dire qu'il a le droit de se rendre à vélo au dépanneur. Là encore, si les parents ne te l'ont pas dit, tu dois refuser. Dis à l'enfant que tu en parleras à ses parents pour la prochaine fois.

Les plus grands dangers pour les enfants d'âge scolaire sont les suivants :

- Les brûlures — Ne laisse jamais un enfant d'âge scolaire jouer avec des allumettes ou avec un briquet parce qu'il pourrait se brûler ou mettre le feu.
- Les blessures par des véhicules — L'enfant joue peut-être souvent devant la maison avec ses amis, sans surveillance. Il connaît sans doute les règles de sécurité, mais il faut lui rafraîchir la mémoire de temps à autre. L'enfant peut être tellement absorbé par son jeu qu'il ne remarquera même pas la voiture qui vient vers lui. Si l'enfant que tu gardes veut aller jouer dehors avec ses amis, vas-y toi aussi et surveille-le. Demande aux parents de t'expliquer les règles pour les activités à l'extérieur, par exemple, jusqu'où l'enfant peut-il s'éloigner de la maison seul, sans toi?

- Les blessures à vélo — L'enfant sait probablement aller à vélo prudemment et sait aussi qu'il doit mettre son casque protecteur. Demande aux parents quelles sont les règles de la promenade à vélo ; par exemple, les endroits où l'enfant peut se rendre à vélo et si tu dois toujours l'accompagner partout où il va. Parfois, surtout avec ses amis, l'enfant peut oublier les règles de sécurité. Avant qu'il prenne son vélo, rappelle-lui les règles de sécurité. S'il n'est pas prudent, propose un autre jeu ou une autre activité.

- La noyade — Si l'enfant que tu gardes sait nager, il voudra peut-être jouer dans l'eau. Aie conscience qu'une noyade peut survenir soudainement. N'amène donc jamais d'enfants à proximité de l'eau s'il n'y a pas de surveillant-sauveteur en devoir ou si tu n'es pas accompagné d'un autre adulte pour t'aider à superviser les enfants. Tu peux apprendre à effectuer des sauvetages en toute sécurité en suivant les cours de Croix-Rouge Natation Junior. Révise et  respecte les règles de sécurité (reste en eau peu profonde, mais ne jamais plonger en eau peu profonde) dans l'eau et reste toujours près de lui. Demande aux parents si l'enfant a le droit de nager si tu le surveilles de très près ; demande aux parents si l'enfant est un bon nageur et quelles sont les règles de la maison pour la baignade à cet endroit (par exemple, la piscine ou la plage). Si tu ne te sens pas à l'aise et que tu ne crois pas pouvoir donner toute ton attention à l'enfant, il est préférable que tu refuses de garder des enfants près de l'eau.

Jouets et jeux pour les enfants d'âge scolaire

Les enfants d'âge scolaire ont des intérêts précis et leurs activités préférées. Demande à l'enfant ce qu'il aime faire, qui sont ses amis, quels sont ses autres intérêts. Prends la peine de l'écouter et intéresse-toi à ce qu'il dit. Il aime peut-être aussi les jeux de société et les cartes. Les tours de magie, les livres de blagues, les devinettes et les charades sont aussi habituellement très populaires.

Page d'activité

Trouver les jouets appropriés

Trace des lignes pour relier l'enfant d'âge scolaire à un jouet approprié. Fais un « X » sur le jouet qui est dangereux pour les enfants de tous les âges.

Vrai ou faux

D'après tout ce que tu as déjà appris, quelles phrases sont vraies et quelles phrases sont fausses. Identifie chaque phrase qui est vraie avec un (V) et chaque phrase qui est fausse avec un (F). Réécris la phrase fausse pour la transformer en une phrase vraie.

EXEMPLE

Ce n'est pas parce que ~~Tous~~ les enfants ~~qui~~ ont le même âge *qu'ils* aiment les mêmes choses. (*F*)

1. Il est acceptable de secouer un bébé comme toute dernière solution quand tu as tout essayé.

2. Avant qu'un enfant se couche, c'est une bonne idée de faire une activité excitante comme jouer à la tague.

3. Dépose le bébé sur le ventre lorsque tu le couches.

4. Lorsque tu réchauffes des aliments au four à micro-ondes, vérifie toujours leur température avant de les servir à l'enfant.

5. Lorsqu'un tout-petit, qui fait l'apprentissage de la propreté, se salit en allant aux toilettes, fâche-toi fort pour qu'il apprenne à ne plus faire cela.

6. Comme c'est toi le chef, il ne sert à rien de demander aux parents les règles et les habitudes de la maison.

7. Les bébés peuvent jouer avec n'importe quel jouet si tu restes tout près.

8. La plus grande responsabilité du gardien est d'assurer la sécurité des enfants.

9. Il y a un seul genre de couche, la couche jetable.

10. Demande aux enfants souvent s'ils ont besoin d'aller aux toilettes.

11. Lorsque tu changes la couche d'une petite fille, essuie-la toujours de l'avant vers l'arrière pour éviter les infections.

Résumé sur les techniques de prise de décisions

Tu as appris comment prendre soin des bébés, des tout-petits, des enfants d'âge préscolaire et des enfants d'âge scolaire. Ils sont à des âges et à des stades de développement différents et ils ont des besoins différents. Tu as aussi appris à résoudre des problèmes qui peuvent survenir pendant que tu gardes les enfants en utilisant des techniques de leadership et de prise de décisions. En te servant de ce que tu as appris dans ce cours et des informations que contient ce manuel, tu peux avoir confiance en ta capacité de garder des enfants de différents âges et de prendre les bonnes décisions. Tu es sur la bonne voie pour devenir un excellent gardien!

Notes :

_____

_____

_____

_____

_____

_____

_____

_____

CHAPITRE 6

Une blessure n'est pas un accident : il faut créer un environnement sûr

Sécurité à la maison

Savais-tu que des milliers d'enfants se présentent chaque année dans les services d'urgence des hôpitaux du Canada? Pour les enfants de moins de dix ans, c'est à la maison que la plupart des blessures se produisent. Le plus souvent, ce sont des enfants de moins de cinq ans qui sont victimes de blessures. Les principales causes de décès à la maison sont les incendies, les chutes, l'empoisonnement, l'étouffement, la suffocation et la noyade.

La sécurité à la maison consiste à créer un environnement sûr pour les enfants que tu gardes. Tu es sur la première ligne pour aider à prévenir ces blessures. Les gardiens doivent prévoir les situations dangereuses et les éviter. On peut prévenir les blessures!

Dans la cuisine :

- Autant que possible, utilise les éléments arrière de la cuisinière. Tourne les poignées des casseroles vers le centre ou l'arrière de la cuisinière.
- Éloigne les enfants de la cuisinière, des bouilloires, du four, des robinets d'eau chaude, des radiateurs électriques, des allumettes et des briquets.
- Conserve les boissons et les aliments chauds hors de portée des jeunes enfants.

- Vois à ce que les prises de courant soient recouvertes de cache-prises et à ce que les cordons électriques soient hors de portée et de vue des enfants.
- Mets tous les objets tranchants hors de la portée des enfants.
- Assure-toi que tous les produits nettoyants et les médicaments, y compris les vitamines, sont hors de portée des enfants.

Au téléphone

- Si tu réponds au téléphone lorsque tu gardes, dis que les parents sont occupés et qu'ils rappelleront. Demande si tu peux prendre le message.
- Ne dis pas que tu gardes les enfants et que les parents sont absents. Si la personne demande quel numéro elle a appelé, réponds-lui : « Quel numéro avez-vous composé? ». Ne donne jamais le numéro de téléphone de la maison où tu te trouves. Ne dis pas non plus à quelle heure les parents seront libres.
- Si quelqu'un insiste pour parler aux parents, prends le message et appelle-les immédiatement pour leur trans-mettre ce message.
- Si la personne au téléphone est agressive ou fait des menaces, raccroche tout de suite. Appelle d'abord la police, les parents, le voisin dont tu as le numéro de télé-phone et en tout dernier tes parents.

À la porte

Assure-toi que les numéros d'urgence sont affichés près du téléphone.

- Regarde par la fenêtre ou par le judas (petit trou dans la porte pour regarder) pour voir qui frappe à la porte. Ouvre seulement aux personnes que tu connais et qui ont la permission des parents d'entrer. Si une personne doit venir, demande aux parents de te la décrire physiquement.
- Parle aux inconnus par la fenêtre ou en gardant la chaîne de sûreté sur la porte. Dis que les parents sont occupés et qu'ils ne peuvent pas venir à la porte. Offre de prendre un message ou encore, ne réponds pas du tout à la porte.
- Si l'inconnu se montre agressif et refuse de partir, appelle la police, les parents, le voisin dont tu as le numéro de téléphone et en tout dernier tes parents. Reste à l'intérieur.
- Tire les rideaux et ferme les stores lorsqu'il fait noir à l'extérieur.

Sécurité à l'extérieur

Dans la rue

Il faut toujours surveiller les enfants lorsqu'ils jouent dehors. Assure-toi que les enfants marchent près de toi sur le trottoir ou qu'ils te tiennent par la main. Insiste pour arrêter et regarder attentivement de chaque côté avant de traverser la rue.

Au parc

Regarde tout autour et assure-toi que les lieux sont sûrs.

- Y a-t-il des morceaux de verre cassé ou des objets tranchants?
- Y a-t-il des chiens qui ne sont pas en laisse?
- Le matériel du terrain de jeu est-il sûr?
- Y a-t-il des inconnus dont la présence te met mal à l'aise?
- Y a-t-il d'autres personnes dans le parc qui pourraient t'aider si tu avais besoin d'aide?

Au jeu

Vérifie si les enfants ont des vêtements appropriés. Pour éviter le plus possible que les enfants s'étranglent en jouant sur les appareils du terrain de jeu, les foulards et tous les cordons doivent être attachés et rentrés à l'intérieur des vêtements.

Veille aussi à ce que les enfants jouent en toute sécurité et montent sur des appareils ou des manèges appropriés à leur âge. Surveille-les sans arrêt. Si des inconnus se tiennent autour de vous ou s'approchent, quitte le parc immédiatement avec les enfants.

À vélo

Tous les enfants en tricycle ou à vélo doivent porter un casque! (Toi aussi).

Reste dehors près des enfants lorsqu'ils se promènent à vélo ou en tricycle. Tu seras le policier qui fait la circulation! Si l'enfant que tu gardes a un tricycle, il doit porter un casque et rouler prudemment sur le trottoir ou sur une surface dure au parc.

Il est plus prudent pour les jeunes enfants de monter sur des manèges plus petits ou plus bas. Pour les tout-petits et les enfants d'âge préscolaire, reste assez proche d'eux pour pouvoir les attraper s'ils tombent en grimpant ou en glissant.

Vérifie les alentours lorsque tu es dehors et surveille sans arrêt les enfants.

Demande aux parents si l'enfant est à l'aise à vélo et demande aussi quelles sont les règles de la promenade à vélo. Assure-toi que l'enfant met toujours son casque et obéit au code de la route pour les cyclistes :

- toujours rouler en file indienne ;
- utilise une piste cyclable si cela est possible, sinon, roule dans la même direction que les voitures ;
- toujours rouler aussi près que possible de la bordure de trottoir.

Sécurité en cas d'incendie

En plus des renseignements d'urgence que tu dois avoir affichés près du téléphone, tu dois connaître le plan de la maison. Tu dois savoir les différentes façons de sortir de la maison s'il y a un incendie et à quel endroit les membres de la famille doivent se retrouver à l'extérieur.

Le feu s'étend très vite. S'il y a un incendie, fais d'abord sortir tout le monde de la maison! Ta première priorité est de faire sortir tous les occupants de la maison le plus vite possible. N'arrête pas en chemin pour prendre quelque chose. Va chez les voisins et compose le 9-1-1 ou appelle les pompiers. Appelle ensuite les parents.

- Ne retourne jamais chercher quelque chose à l'intérieur.
- Si tu es à l'étage et que le feu monte par l'escalier, va dans la chambre la plus loin du feu.
- Ferme toutes les portes entre toi et le feu. Touche la porte avant de l'ouvrir. Si elle est chaude, ne l'ouvre pas. Crie au secours ou téléphone pour avoir de l'aide.
- S'il y a un petit feu sur la cuisinière ou dans le four, étouffe les flammes en fermant la porte du four ou en recouvrant la casserole d'un couvercle de métal. Sers-toi d'un extincteur si c'est possible. S'il y a beaucoup trop de flammes, fais sortir les enfants de la maison et appelle à l'aide.

- Si les vêtements sont en feu, il faut suivre la règle : « Arrête, tombe et roule ». Il faut s'arrêter immédiatement là où on est, se jeter par terre et se mettre à rouler encore et encore. Il faut en même temps se couvrir le visage et la bouche avec les mains pour se protéger et s'aider à respirer. Il faut rouler sans arrêt jusqu'à ce que les flammes soient éteintes. Empêche les enfants de courir. Éteins les flammes avec une couverture ou un manteau ou fais rouler l'enfant par terre.

- Ne fume jamais lorsque tu gardes des enfants. La négligence des fumeurs est l'une des principales causes d'incendie.

Sécurité aquatique

La noyade est une cause importante de blessures et de mort chez les enfants. Chacun doit connaître ses limites! Sois prêt à surveiller les enfants sans arrêt lorsqu'ils se trouvent près de l'eau. Si tu ne te sens pas à l'aise d'accorder aux enfants ton attention pleine et entière lorsqu'ils sont à proximité de l'eau, et si tu ne sais pas comment exécuter des sauvetages en toute sécurité, tu devrais refuser de garder des enfants à proximité de l'eau. N'amène jamais un bébé ou un enfant dans l'eau sans avoir eu d'abord la permission de ses parents. Si les parents sont d'accord, arrange-toi pour accompagner l'enfant dans l'eau. Les bébés et les jeunes enfants attrapent froid rapidement ; tu dois donc faire très attention et vérifier s'ils n'ont pas de frissons.

Les bébés et les tout-petits de moins de trois ans

Ne sois jamais distrait lorsque tu surveilles des bébés ou des tout-petits dans l'eau ou près de l'eau. Les pataugeoires ou les petites piscines pour bébés doivent être vidées une fois la baignade terminée. Les tout-petits et les bébés perdent facilement l'équilibre lorsqu'ils marchent dans l'eau. Ils ne voient pas vrai-

ment si c'est très profond ou peu profond. Ils peuvent échapper un jouet dans la piscine et essayer d'aller le chercher, même s'il y a deux mètres de profond, puis tomber à l'eau. Un petit bébé ou un tout-petit peut se noyer dans quelques centimètres d'eau à peine!

Les enfants d'âge préscolaire

L'enfant d'âge préscolaire que tu gardes peut aller dans l'eau seulement si tu lui en donnes la permission et si tu l'accompagnes dans l'eau peu profonde. Vous devez rester tous les deux en eau peu profonde. Pas de bousculade, pas de course autour de la piscine. Un seul enfant à la fois sur la glissoire. Tous les enfants près de l'eau exigent une surveillance directe et constante. Tu dois toujours rester assez près de l'enfant qui est dans l'eau pour être capable de le sortir tout de suite de l'eau seulement en tendant le bras.

Les enfants d'âge scolaire

Garde toujours ta trousse de secours à portée de la main, à un endroit où les enfants ne peuvent pas l'atteindre.

L'enfant d'âge scolaire que tu gardes peut être un excellent nageur, qui aime parfois attirer l'attention. Demande aux parents si l'enfant est un bon nageur et demande quelles sont les règles de la baignade. Assure-toi que l'enfant se baigne seulement s'il a ta permission et lorsqu'un surveillant-sauveteur ou un autre adulte est présent pour assurer la supervision, et que l'enfant comprend les règles de sécurité concernant la course et les bousculades. Tous les enfants qui jouent près de l'eau exigent une surveillance directe et constante. Ils doivent rester dans les zones surveillées.

Sécurité et protection personnelle

Rester en sécurité et créer un environnement sûr, ce n'est pas seulement prévenir et gérer les blessures.

C'est beaucoup plus que cela. Il faut aussi être en sécurité et se sentir en sécurité. Tous les enfants ont droit au respect et à la protection. Les enfants que tu gardes ont besoin de savoir qu'ils peuvent avoir confiance en toi et se fier à toi pour leur assurer cette protection et ce respect.

Les inconnus

Un inconnu est une personne que ni toi ni l'enfant ne connaissez bien. Les enfants et toi allez probablement rencontrer des inconnus de temps en temps. Des gens que vous ne connaissez pas viendront peut-être frapper à la porte ou vous parler au parc ou dans le quartier.

Les inconnus peuvent être gentils et ne pas avoir l'intention de vous faire du mal, ni aux enfants ni à toi. Mais il n'y a aucun risque à prendre. Comme, bien entendu, tu ne connais pas un inconnu, tu ne peux pas savoir qui est cette personne ou ce qu'elle veut vraiment. Tu dois toujours faire attention aux enfants et à toi.

N'accompagne jamais nulle part des inconnus et ne permets jamais aux enfants d'accompagner des inconnus nulle part, pour aucune raison. Ne te mets jamais dans une situation où un inconnu pourrait vous amener, les enfants et toi, où il veut. Reste dans les endroits publics où il y a beaucoup de monde. Surveille constamment les enfants. Ne t'approche jamais d'un inconnu qui se trouve à l'intérieur ou tout près d'une voiture ou d'une fourgonnette.

Fie-toi à ton instinct. Si quelqu'un ou quelque chose te met mal à l'aise ou te rend nerveux, va trouver un adulte que tu connais et en qui tu peux avoir confiance. Si un inconnu t'embête et qu'il n'y a personne d'autre près de toi que tu connais, éloigne-toi. S'il le faut, crie ou hurle pour attirer l'attention. N'aie pas peur d'appeler au secours.

Gardiennage en milieu rural

Des parents qui vivent à plus de 10 km à l'extérieur de la ville te demandent de venir garder leurs enfants. Que dois-tu savoir pour assurer la sécurité des enfants que tu gardes et ta propre sécurité?

Pense toujours à la sécurité, à l'intérieur ou à l'extérieur de la maison. Assurer la protection des enfants à l'intérieur de la maison est exactement la même chose à la campagne ou en ville, mais à l'extérieur de la maison c'est très différent. Par exemple, dans les zones rurales, il n'y aura pas de rues que tu dois traverser prudemment à cause d'une intense circulation ; mais il y aura sûrement une entrée sur la propriété et une route de campagne où tu devras prendre garde aux véhicules lourds, aux énormes machines agricoles et à tout l'équipement de ferme.

Tu seras mieux préparé si tu portes un petit sac autour de la taille avec un téléphone cellulaire, la liste des numéros d'urgence, quelques articles de premiers soins et une lampe de poche.

Détermine avec les parents les zones de jeu qui sont sûres et les limites très importantes que les enfants ne doivent pas dépasser. Propose aux parents de faire le tour de la ferme ou de la propriété à pied avec les enfants pour que tout le monde voit clairement où il est possible de jouer en toute sécurité et où il ne faut pas aller. Certains parents auront peut-être déjà préparé un plan des endroits dangereux. N'oublie pas de toujours faire respecter les limites établies :

- éviter l'équipement de ferme et les machines agricoles ;
- s'éloigner des remorques, chariots et silos à grains et des appareils à écoulement de grains ;
- ne pas toucher aux produits chimiques ou dangereux (savoir reconnaître les étiquettes), aux armes à feu et aux allumettes ;
- respecter le bétail et s'assurer qu'une clôture sépare les enfants des animaux ;
- éviter les fossés, les marécages, les fosses à ensilage et à purin.

Familiarise-toi avec les règles de sécurité et apprends la façon de faire en cas d'urgence. Mémorise le plan de secours que les parents et toi avez préparé. Cela t'aidera à te sentir à l'aise et confiant pendant que tu gardes. Il est important aussi que les parents te donnent par écrit l'adresse exacte et la route à suivre pour te rendre chez eux. Cela te permettra de donner des indications claires si jamais tu dois appeler les secours. Si c'est possible, apporte un téléphone cellulaire pour être capable d'appeler à l'aide n'importe quand. Garde toujours sur toi la liste des numéros d'urgence, chaque fois que toi et les enfants êtes dehors.

Lorsque tu gardes des enfants dans un milieu rural, n'oublie pas que les voisins ne sont pas juste à côté et qu'il n'y a personne tout près. Les secours mettront donc plus de temps à arriver à cause de la distance.

Notes :

_____

_____

_____

_____

_____

_____

_____

_____

_____

Page d'activité

Savoir observer – Problèmes de sécurité

Découvre les problèmes de sécurité dans la maison et la cour à la page 83. À l'aide d'un marqueur transparent, colore les problèmes que tu trouves puis fais la liste des problèmes et des solutions à ces problèmes dans les colonnes appropriées.

Quel est le problème?	Quelle est sa solution?
-quac celtte	

CHAPITRE 7

Urgence et premiers soins – Quoi faire?

Quoi faire en cas d'urgence

La tâche la plus importante d'un gardien est de veiller à ce que les enfants qui lui sont confiés soient en sécurité.

Ta formation et ton bon jugement te permettront de prévenir les blessures et aussi les maladies.

Prévenir les blessures et les maladies

N'oublie pas, tu dois :

- *reconnaître* le problème de sécurité (par exemple, vérifie la maison pour trouver les dangers possibles)
- *faire disparaître* le problème de sécurité si ce n'est pas dangereux de le faire (par exemple, ramasse les petits objets sur le sol avec lesquels un bébé peut s'étouffer)
- *limiter* le problème de sécurité si tu ne peux le faire disparaître (par exemple, donne aux enfants des vrais choix sûrs)
- *donner des soins* en cas d'urgence (par exemple, donne les premiers soins)

Un enfant se blesse gravement. Que dois-tu faire?

La section qui suit t'aidera à apprendre des techniques et à développer la confiance en toi nécessaire pour faire face à une situation d'urgence. Mais attention! Ce n'est pas un cours de secourisme. Tu devras donc te contenter de traiter une blessure du mieux que tu le peux et n'oublies pas de toujours rester calme. Demande toujours de l'aide lorsque tu en as besoin. Informe toujours les parents lorsqu'il y a eu une blessure.

Si tu as déjà suivi un cours de secourisme, ce chapitre va te permettre de rafraîchir tes connaissances. Si tu n'as jamais suivi de cours de secourisme, les explications ci-dessous te sont données seulement comme renseignements. Nous recommandons fortement aux gardiens et aux gardiennes de suivre un cours de secourisme et un cours de RCR (réanimation cardiorespiratoire) offerts par la Croix-Rouge canadienne.

Comment appeler des secours

Qu'est-ce que les SMU?

Le système des services médicaux d'urgence (SMU) est le réseau qui assure le transport de personnes blessées à l'hôpital le plus vite possible. La personne qui appelle les SMU déclenche une réaction en chaîne en commençant par le **RÉPARTITEUR** qui répond à l'appel puis les professionnels des SMU qui se rendent sur les lieux de l'urgence (policiers, pompiers, ambulanciers ou personnel médical).

Tu es le premier maillon de la chaîne des SMU lorsque tu fais le 9-1-1 ou le numéro d'urgence local.

Numéros d'urgence :

_____

_____

Centre antipoison :

_____

Adresses (lieu du gardiennage) :

_____

_____

Quand appeler les SMU?

Tu dois appeler les SMU/9-1-1 lorsqu'une personne :

- est INCONSCIENTE
- ne respire pas (ne tousse pas, ne bouge pas) ou a de la difficulté à respirer

- saigne beaucoup
- a du sang dans le vomi ou dans les urines
- est empoisonnée.

Ou encore, lorsqu'une personne :

- a des CONVULSIONS, un très gros mal de tête ou de la difficulté à articuler
- a peut-être des fractures
- a des blessures à la tête ou à la colonne vertébrale.

Si tu te demandes « est-ce que je dois appeler les SMU/9-1-1 », fie-toi à ton jugement. Si tu penses qu'il y a une urgence, c'est qu'il y en a probablement une. Appelle les SMU/9-1-1 avant même d'appeler les parents de l'enfant ou ta famille.

Comment faire pour appeler les SMU?

1. Si c'est possible, envoie une personne responsable appeler les SMU pendant que tu donnes des soins.

2. Demande à la personne de composer le 9-1-1. S'il n'existe pas de service local 9-1-1, le numéro d'urgence doit se trouver à côté du téléphone. Sinon, fais le « 0 » et demande à la téléphoniste de te donner le numéro d'urgence local ou de transférer ton appel vers le service approprié.

3. Donne à la personne qui appelle pour toi, les renseignements que le répartiteur a besoin de connaître :

- Le lieu précis où est l'urgence. Il faut donner l'adresse exacte et aussi le nom de la ville ou de la municipalité.
- Tu dois indiquer les rues transversales. Décris des points de repère et donne le nom de l'immeuble, l'étage, le numéro de chambre, etc.

- Le numéro de téléphone d'où est fait l'appel. Les SMU pourront rappeler s'il le faut.
- Le nom de la personne qui appelle.
- Ce qui est arrivé (blessures par une voiture, chute, incendie).
- Le nombre de personnes blessées.
- L'état des personnes blessées (CONSCIENTES ou inconscientes, respirent ou ne respirent pas, saignent ou ne saignent pas, etc.). Le répartiteur demandera l'âge des blessés.
- Les premiers soins qui sont donnés.

4. Dis à la personne qui appelle de ne pas raccrocher avant le répartiteur.

5. De plus, dis à la personne qui appelle de revenir à l'endroit où tu te trouves pour te répéter ce que lui a dit le répartiteur.

Si tu es seul avec la personne blessée, crie « À l'AIDE! » ou « AU SECOURS ». De cette façon, tu peux attirer l'attention de quelqu'un qui pourra aller appeler les SMU/9-1-1 pour toi. Si personne ne vient, rends-toi à un téléphone le plus vite possible pour appeler les SMU/9-1-1. Retourne ensuite aux côtés de la personne blessée pour lui donner des soins.

Marche à suivre en cas d'urgence

Si tu penses que c'est une urgence, suis les étapes d'intervention en cas d'urgence (VÉRIFIER, APPELER, SECOURIR). Ces étapes te permettront d'aider les autres le plus vite possible et dans la plus grande sécurité possible.

VÉRIFIER

1. Vérifie d'abord les lieux.

2. Regarde autour de toi pour essayer de découvrir des choses qui te diraient ce qui a pu se passer. Vérifie si l'endroit est sûr avant de donner des soins à la victime.

3. Vérifie si quelque chose peut te blesser ou faire encore plus de mal au bébé ou à l'enfant. Mets des GANTS JETABLES si tu dois toucher à des liquides organiques.

VÉRIFIER

1. Vérifie dans quel état est le bébé ou l'enfant.

2. Vérife si le bébé ou l'enfant réagit. Demande à l'enfant : « Est-ce que ça va? » ou tape bruyamment des mains et presse doucement sous le pied du bébé, ou tape doucement sur l'épaule de l'enfant.

APPELER AU SECOURS

Appelle les SMU/9-1-1 si l'enfant ne réagit pas. Envoie quelqu'un à ta place pour appeler. Si tu as reçu une formation en RCR pour enfant, fais cinq cycles (deux minutes) de RCR, ensuite appelle.

SECOURIR

1. Les soins à donner dépendent du genre d'urgence. Suis les conseils de secourisme ci-dessous lorsque tu donnes des soins.

2. Ne déplace pas l'enfant blessé sauf s'il est en danger là où il se trouve.

3. Aide l'enfant à trouver une position confortable et réconforte-le.

Maladie

Tu dois appeler les parents immédiatement si l'enfant que tu gardes semble malade. Voici certains signes de maladie à surveiller :

• Pleurs qui n'arrêtent pas
• Fièvre (l'enfant est chaud au toucher)
• Difficulté à respirer
• Douleurs
• Vomissements
• Étourdissements qui durent plus de quelques secondes

L'étouffement
Prévention

• Bien mastiquer les aliments et prendre son temps pour manger.
• Ne pas marcher, courir, rire ou parler en mangeant.
• Veiller à ce que les enfants ne mettent pas d'objets comme des pièces de monnaie ou des capuchons de stylo dans leur bouche.
• Veiller à ce que les enfants restent tranquilles lorsqu'ils ont des aliments dans les mains ou dans la bouche.
• Donner aux bébés et aux jeunes enfants seulement des aliments mous et coupés en petits morceaux. Rester près d'eux pendant qu'ils mangent.
• Toujours regarder autour pour s'assurer qu'il n'y a aucun petit objet ou jouet près des bébés ou des enfants qui mettent tout dans leur bouche.
• Garder hors de portée des enfants, les ballons pouvant éclater en petits morceaux et que l'enfant peut facile-ment avaler.

Bébé étouffé mais CONSCIENT

Le bébé que tu gardes se met à tousser ou à respirer avec difficulté.

☺ VÉRIFIER

les lieux et le bébé.

1. Si le bébé peut respirer ou tousser, reste près de lui. N'essaie pas d'arrêter le bébé de tousser. Ne lui donne pas de tapes dans le dos.

2. Si le bébé émet des bruits aigus, si sa respiration est sifflante, s'il ne peut plus émettre un son, ou s'il est trop faible pour tousser :

☎ APPELER

1. Appelle à l'aide, crie au secours.
2. Demande à une autre personne d'appeler les SMU/9-1-1 et de rapporter un DEA.

✋ SECOURIR

1. Tiens le bébé sur le ventre, la tête vers le bas, son corps appuyé sur ta main et ton avant-bras. La tête du bébé doit être plus basse que son corps.

2. Tiens fermement la mâchoire du bébé tout en soutenant sa tête. Appuie ton bras sur ta cuisse.

3. Avec le talon de la main, donne-lui cinq tapes fermes entre les omoplates.

4. Si le bébé continue d'étouffer, retourne-le sur le dos, sur tes cuisses, la tête plus basse que le corps. Soutiens l'arrière de sa tête avec ta main.

5. Imagine une ligne qui relie les mamelons du bébé. Place deux doigts sur le centre du sternum à une largeur de doigt au-dessous de la ligne.

6. Avec tes deux doigts, fais cinq poussées vers le bas (celles-ci sont appelées poussées thoraciques). Tu dois enfoncer tes doigts entre $\frac{1}{3}$ à $\frac{1}{2}$ de la profonder du thorax. Adapte ta force à la taille du bébé.

(page suivante)

Bébé étouffé mais conscient

7. Après cinq poussées sur la poitrine, donne cinq autres tapes fermes dans le dos.

8. Reprends les poussées sur la poitrine et les tapes dans le dos en alternant jusqu'à ce que :

- l'objet soit sorti ;
- le bébé se mette à pleurer, à respirer ou à tousser avec vigueur ;
- le bébé perde connaissance (inconscient).

9. Si le bébé perd connaissance, appelle les SMU/9-1-1 pour avoir du secours, si tu ne l'as pas déjà fait.

Enfants de plus de un an

Enfant étouffé mais conscient

L'enfant que tu gardes se met à tousser ou à respirer avec difficulté.

☺ VÉRIFIER

les lieux et l'enfant.

1. Aide-le à se pencher vers l'avant. Encourage-le à tousser. Reste près de lui. Ne lui donne pas de tapes dans le dos.

2. Si le visage de l'enfant devient bleu et que l'enfant fait un son qui ressemble à un sifflement :

☎ APPELER

1. Crie au secours.

2. Demande à une autre personne d'appeler les SMU/9-1-1.

 SECOURIR

1. Tiens-toi derrière l'enfant (s'il est petit, mets-toi à genoux) et assure un soutien en plaçant un bras en diagonale sur la poitrine, ensuite, penche l'enfant vers l'avant au niveau de la taille. Donne cinq tapes fermes dans le dos entre les omoplates avec le talon de ta main.

2. Si l'objet n'est pas sorti de la bouche de l'enfant, prends-le par la taille. Ferme une de tes mains pour en faire un poing. Place ton poing juste au-dessus du nombril de l'enfant, le pouce sur son ventre.

3. Place ton autre main sur ton poing.

4. Enfonce brusquement le poing dans le ventre de l'enfant en faisant une pression rapide vers le haut. Répète ceci cinq fois.

5. Adapte ta force à la taille de l'enfant. Plus l'enfant est petit, moins la pression doit être forte.

6. Après avoir fait cinq poussées abdominales, donne à nouveau cinq tapes fermes dans le dos.

7. Répète le cycle des poussées abdominales et des tapes dans le dos jusqu'à ce que :

   • l'objet soit sorti ;
   • l'enfant se mette à respirer ou à tousser avec vigueur ;
   • l'enfant perde connaissance.

8. Si l'enfant perd connaissance, appelle les SMU/9-1-1 pour avoir du secours, si tu ne l'as pas déjà fait.

Notes :

_____

_____

_____

_____

_____

Hémorragies
Les coupures et les plaies

Pour les **COUPURES** très graves qui saignent beaucoup, il y a deux étapes à suivre :

Pression directe : Utilise un linge propre sur la plaie.

Repos : Fais asseoir ou allonger l'enfant. N'oublie pas : mets des gants jetables si tu dois toucher à des liquides organiques.

☺ VÉRIFIER

les lieux et l'enfant.

L'enfant a une vilaine coupure à la main.

☎ APPELER

Appelle les SMU/9-1-1 dans les situations suivantes :

- Le saignement ne s'arrête pas au bout de quelques minutes.
- Le sang sort de la **PLAIE** comme un jet.
- La plaie se trouve sur l'estomac, sur la poitrine ou sur une articulation.
- Tu peux voir le muscle ou l'os à l'intérieur de la plaie.
- La plaie est profonde ou elle mesure plus de 2,5 (1 po) cm de long.
- Un objet est pris dans la plaie.

✋ SECOURIR

1. Fais une pression directe avec un linge propre sur la plaie. Rappelle-toi de mettre des gants jetables. Fais la pression avec ta main, les doigts à plat sur la plaie.

2. Si la plaie saigne beaucoup, appelle les SMU/9-1-1.

3. Fais allonger l'enfant et surveille-le pour qu'il ne bouge pas.

4. Si le linge que tu utilises s'imbibe complètement de sang, ne l'enlève pas. Mets un deuxième linge par-dessus.

5. Mets un bandage pour tenir le linge en place. Si l'enfant s'est coupé au cou, ne mets jamais un bandage à cet endroit, contente-toi de tenir fermement le linge sur la plaie.

6. Si le saignement arrête, fais une écharpe ou sers-toi de bandages pour immobiliser la main.

7. Si la peau au-dessous de la coupure devient bleue ou froide ou que l'enfant sent des picotements, c'est signe que le bandage est trop serré. Desserre-le. Si la couleur ou la température de la peau ne s'améliorent pas, appelle les SMU/9-1-1.

8. Lave-toi les mains aussitôt que possible.

Les éraflures

L'enfant que tu gardes est tombé et s'est éraflé le genou.

1. Nettoie l'ÉRAFLURE à l'eau courante pour 5 minutes.

2. Nettoie la peau autour de l'éraflure avec de l'eau et du savon puis rince à fond.

3. Assèche la plaie en l'épongeant avec une compresse de gaze STÉRILE que tu trouveras dans la trousse de secours ou dans l'armoire à pharmacie.

4. Recouvre la plaie avec un pansement stérile.

Objet pris dans la plaie

L'enfant que tu gardes s'est blessé à la jambe ou au bras et un morceau de verre sort de la plaie.

N'essaie pas d'enlever le morceau de verre. N'enlève jamais un objet qui est pris dans une plaie. Cela peut causer une **HÉMORRAGIE GRAVE**.

1. Coupe le vêtement autour de l'objet pour dégager la plaie.

2. Immobilise l'objet en plaçant des pansements épais autour.

3. Attache les bandages en place.

4. Va chercher de l'aide immédiatement.

Si un enfant a une écharde dans la peau, tu peux utiliser des petites pinces pour l'enlever. Retire l'écharde dans le même angle dans lequel elle s'est insérée dans la peau.

Saignements de nez

L'enfant que tu gardes saigne du nez.

1. Demande à l'enfant de s'asseoir et encourage-le à relaxer.

2. Fais-lui pencher la tête légèrement vers l'avant.

3. Pince-lui fermement les narines.

4. Pince-lui les narines sans arrêt pendant au moins 10 minutes.

5. Si le saignement continue, demande de l'aide immédiatement.

Hémorragie interne

L'enfant que tu gardes a fait une chute en grimpant sur une structure de jeux au parc. Il peut souffrir d'une hémorragie interne s'il a les signes suivants :

- Très grande soif
- Douleur à l'endroit où est la blessure
- Bâillement ou halètement (courir après son souffle)
- Vertiges
- Vomi de couleur rouge ou noire
- Crachats avec du sang
- Enflure à l'endroit où est la blessure

Ne surélève pas les pieds de l'enfant. Ne lui donne rien à boire. Ne déplace pas l'enfant si tu penses qu'il a pu se blesser à la tête ou au cou, sauf s'il respire avec difficulté.

1. Si l'enfant respire avec difficulté parce qu'il saigne du nez, de la bouche ou des oreilles, fais-le rouler sur le côté.

2. Envoie quelqu'un appeler les SMU/9-1-1.

Entorses, foulures et fractures

VÉRIFIER les lieux et le bébé ou l'enfant.

APPELER les SMU/9-1-1 dans les situations suivantes :

- Tu penses que l'enfant s'est blessé à la tête, au cou ou au dos.
- L'enfant a de la difficulté à marcher ou à respirer à cause de la blessure.
- Tu crois que l'enfant a plusieurs blessures.

SECOURIR

Pour les blessures qu'on voit le plus souvent, souviens-toi du mot RIGE :

R – Repos. Installer l'enfant dans une position aussi confortable que possible.

I – Immobilisation. Immobiliser la partie du corps blessée pour diminuer la douleur, empêcher la blessure de devenir plus grave et essayer d'éviter le saignement.

G – Glace. Le froid diminue la douleur et l'enflure.

E – Élévation. Surélever la partie blessée pour diminuer l'enflure.

Les enfants peuvent subir une blessure à la tête en tombant de seulement 15 cm (6 po).

Signes de blessure à la tête :

- Mal de tête
- Étourdissement ou désorientation (se sent perdu)
- **Nausée** ou vomissements
- Perte de connaissance
- Écoulement d'un liquide clair ou saignement du nez ou des oreilles

Signes de blessures au cou ou au dos :

- Douleur
- Perte de sensibilité
- Perte de force

Signes de blessures au bras ou à la jambe :

- Douleur
- Sensibilité au toucher
- Enflure

Si l'enfant a une blessure à la tête, il peut aussi avoir une blessure au cou ou au dos. Ne déplace pas l'enfant sauf s'il se trouve dans un endroit dangereux.

Un enfant est tombé d'une balançoire au parc et semble s'être blessé.

VÉRIFIER les lieux et l'enfant.

Vérifie si l'enfant est conscient. Demande-lui : « Est-ce que ça va? ».

APPELER

S'il ne répond pas, crie « à l'aide » ou « au secours ». Demande à une autre personne d'appeler les SMU/9-1-1 ou, si tu es seul, appelle toi-même.

SECOURIR

1. Si l'enfant ne respire pas, commence à lui donner la RCR pour enfant si tu es qualifié pour le faire.

2. Si l'enfant respire mais est inconscient, vérifie s'il saigne, vomit ou respire en faisant beaucoup de bruit. S'il n'a rien de tout cela, ne le déplace pas.

3. Si tu entends des gargouillements ou une respiration bruyante ou que tu vois du liquide s'écouler, du nez ou de la bouche, fais rouler l'enfant sur le côté pour l'aider à mieux respirer. Place-le dans la POSITION LATÉRALE DE RÉCUPÉRATION en laissant le bras et la jambe du dessus toucher le sol. Essaie de tourner tout son corps (tête et membres aussi) d'un seul mouvement pour qu'il n'ait pas le cou tordu.

4. Vérifie s'il porte un collier ou un bracelet MedicAlert® au poignet ou au cou.

L'empoisonnement
Prévention

• Garder tous les médicaments, les produits nettoyants et les plantes toxiques (poison) hors de portée des enfants. Traiter tous les produits d'entretien ou les produits pharmaceutiques comme des produits qui peuvent être dangereux, y compris les multivitamines et les médicaments contre le mal de tête et les rhumes.

- Ne jamais appeler un médicament un « bonbon » pour convaincre l'enfant de le prendre.
- Ne jamais conserver des produits d'entretien domestique dans un récipient pour aliments ou pour boissons.
- S'assurer que le numéro de téléphone du centre antipoison se trouve près du téléphone.
- Porter des chaussures à l'extérieur. Ne pas marcher dans l'herbe haute ni traverser des buissons.

VÉRIFIER les lieux et le bébé ou l'enfant.

APPELER

Si tu crois que c'est un empoisonnement, appelle immédiatement le centre antipoison local (le numéro est _____) pour savoir quoi faire. Ce numéro de téléphone doit être affiché avec les autres numéros d'urgence.

SECOURIR

Occupe-toi d'abord des cas extrêmement graves (personnes en danger de mort). Donne les soins selon les directives du centre antipoison ou du répartiteur SMU/9-1-1.

On peut s'empoisonner de plusieurs façons.

Empoisonnement par inhalation (poison absorbé par le nez)

Signes à surveiller :

- Irritation des yeux, du nez ou de la gorge
- Toux, souffle court, vertiges
- Vomissements, convulsions
- Peau de couleur bleue autour de la bouche ou visage rouge
- Perte de connaissance

Remarque : Pour les empoisonnements par inhalation, amène immédiatement l'enfant dans un endroit où il pourra respirer de l'air frais. Appelle les SMU/9-1-1.

Empoisonnement par contact avec la peau

Signes à surveiller :

- Sensation de brûlure, démangeaisons, enflure, ampoules
- Mal de tête, fièvre

Empoisonnement par ingestion (poison avalé)

Signes d'ingestion d'un produit chimique :

- Sensation de brûlure dans la bouche, dans la gorge ou à l'estomac
- Crampes, haut-le-cœur, diarrhée, nausée, vomissements

Signes d'ingestion d'une plante ou de médicaments :

- Vomissements, convulsions
- Pouls irrégulier
- Somnolence, difficulté à articuler
- Manque de coordination
- Étourdissements
- Respiration rapide

Les brûlures

Prévention

- Garder les allumettes et les briquets hors de portée des enfants. Surveiller les enfants sans arrêt.
- Ne jamais tenir de boissons chaudes quand on a un enfant dans les bras. Garder les boissons et les aliments chauds dans un endroit que les enfants ne peuvent pas atteindre. Assure-toi que les enfants ne s'approchent pas de la cuisinière.
- Cuisiner en prenant soin de tourner les poignées des casseroles vers le centre ou l'arrière de la cuisinière. Se servir des éléments arrière. Assure-toi que les enfants ne s'approchent pas de la cuisinière.
- Ne jamais verser d'eau sur un feu de graisse ou d'huile.
- Ne jamais utiliser de vaporisateur en aérosol près d'une flamme.
- Ne jamais se servir d'appareils électriques près de l'eau.

- Recouvrir les prises de courant avec des cache-prises.
- Éviter de s'exposer au soleil entre 10 heures et 15 heures.
- Se protéger du soleil en portant des vêtements appropriés et un chapeau.
- Se mettre de la crème ou un écran solaire sur la peau pour se protéger du soleil.

VÉRIFIER les lieux et l'enfant.

APPELER les SMU/9-1-1 lorsque la brûlure :

- entraîne de la difficulté à respirer
- couvre plus d'une partie du corps
- touche la tête, le cou, les mains, les pieds ou les parties génitales
- est causée par des produits chimiques, une explosion ou une décharge électrique
- est profonde (peau de couleur brune ou noire ou ampoules à la surface de la peau)

SECOURIR l'enfant.

Brûlures par des produits chimiques

L'enfant que tu gardes a une plaque rouge sur la peau et il pleure. Tu penses qu'il a peut-être joué avec des produits nettoyants.

1. Rince la peau brûlée à l'eau froide pendant 15 minutes. Ne mets pas de glace. Au besoin, utilise une douche ou un tuyau d'arrosage.

2. Pendant que tu rinces, enlève tous les vêtements contaminés par des produits chimiques.

3. Couvre la peau brûlée avec un pansement propre, sec et non adhésif (qui ne colle pas).

4. Demande de l'aide immédiatement. Appelle les SMU/9-1-1.

Brûlures par la chaleur

L'enfant que tu gardes a joué près d'un radiateur très chaud et s'est brûlé à la jambe.

N'enlève aucun vêtement qui serait collé à la peau brûlée. Ne touche pas aux ampoules s'il y en a.

N'applique jamais d'onguents, de beurre, de lotions ou de crèmes sur les brûlures.

1. Plonge la partie brûlée dans l'eau froide pendant au moins 15 minutes. Ne mets pas de glace.

2. Couvre la brûlure avec un pansement propre, sec et non adhésif.

3. Appelle à l'aide si la brûlure a un diamètre de plus de 5 cm (2 pouces) et si elle est de couleur noire ou blanche ou bien couverte d'ampoules. Appelle les SMU/9-1-1 pour toutes les brûlures à la tête, au cou, aux mains, aux pieds ou aux parties génitales.

Brûlures par l'électricité

Tu entends un bruit sec provenant de la chambre de l'enfant que tu gardes. En entrant, tu vois une lampe renversée et l'enfant semble confus. Il s'est brûlé à la main et il a de la difficulté à respirer.

1. Assure-toi d'abord que l'endroit est sûr et qu'il n'y a plus aucun danger de décharge électrique.

2. Vérifie la respiration de l'enfant.

3. Cherche deux brûlures. Le point par où le courant électrique est entré et le point par où le courant est sorti. Ces deux points se trouvent souvent sur les mains et les pieds.

4. Recouvre la brûlure avec un pansement propre, sec et non adhésif.

5. Appelle les SMU/9-1-1 pour avoir de l'aide.

Les problèmes de santé particuliers

Tu dois t'informer des problèmes de santé que peuvent avoir les enfants que tu gardes. S'ils ont des besoins ou des problèmes particuliers, tu dois savoir quoi faire lorsqu'ils sont malades.

Allergies

Un enfant sur cinq en Amérique du Nord souffre d'**ALLERGIE.** Les causes les plus habituelles d'allergies sont le pollen des arbres et l'herbe, la poussière, les piqûres d'insecte, certains aliments et les médicaments. Demande toujours aux parents si les enfants que tu vas garder ont des allergies. Certains enfants portent sur eux un EpiPen® dans une petite trousse d'urgence. Demande qu'on t'explique quoi faire s'il y a un problème. L'enfant peut avoir appris à prendre son médicament par lui-même, mais tu peux avoir besoin de savoir où le trouver et comment le préparer pour que l'enfant puisse l'utiliser.

Signes d'une réaction allergique :

- Éruption cutanée, urticaire (enflures de couleur rouge pâle) et démangeaisons
- Sensation de serrement dans la poitrine et dans la gorge
- Enflure des lèvres, du visage, des oreilles, du cou ou de la langue
- **SIFFLEMENT RESPIRATOIRE,** changements dans la voix
- Nausée ou vomissements

VÉRIFIER les lieux et l'enfant.

L'enfant que tu gardes a mangé une noix. Il est allergique aux noix. L'enfant a de la difficulté à respirer. Tu constates que ses lèvres et ses yeux sont en train d'enfler.

APPELER les SMU/9-1-1 pour avoir de l'aide.

SECOURIR

1. Aide l'enfant à prendre les médicaments qui se trouvent dans sa trousse d'urgence pour les allergies (par exemple, l'EpiPen®) ou à utiliser son inhalateur. Pose des questions auxquelles l'enfant peut répondre en faisant « oui » ou « non » de la tête.

2. Ouvre la fenêtre pour laisser entrer de l'air frais.

3. Place l'enfant dans une position aussi confortable que possible.

4. Continue à surveiller la respiration.

Asthme

L'ASTHME est un problème respiratoire grave. Souvent la cause est une allergie à quelque chose. Demande quoi faire si l'enfant que tu gardes fait une crise d'asthme. Demande aux parents si l'enfant a un inhalateur ou un nébuliseur (appareil pulvérisant). S'il en a un, demande comment l'utiliser.

Signes d'une crise d'asthme :

- Respiration rapide et superficielle (peu profonde) et toux
- L'enfant dit qu'il ne peut pas respirer
- L'enfant est confus, nerveux ou il a peur
- L'enfant est étourdi, se sent engourdi, ressent des picotements aux doigts et aux pieds
- Quand l'enfant expire, on entend un sifflement respiratoire

VÉRIFIER les lieux et l'enfant.

Tu sais que l'enfant que tu gardes souffre d'asthme. Après une promenade dans le parc, sa respiration devient très sifflante.

APPELER les SMU/9-1-1 pour avoir de l'aide.

SECOURIR

1. Aide l'enfant à prendre son inhalateur au besoin.

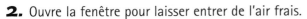

2. Ouvre la fenêtre pour laisser entrer de l'air frais.

3. Place l'enfant dans une position aussi confortable que possible.

4. Si la repiration ne s'améliore pas, appelle le SMU/9-1-1 pour avoir de secours, si tu ne l'as pas déjà fait.

5. Continue à surveiller la respiration.

Convulsions

Les convulsions peuvent être causées par l'épilepsie ou une forte fièvre. L'enfant peut perdre le contrôle de son corps et de ses mouvements à cause de convulsions.

VÉRIFIER les lieux et l'enfant.

APPELER

Demande à quelqu'un d'appeler les SMU/9-1-1.

SECOURIR

1. Éloigne de l'enfant les meubles qui se trouvent sur son chemin et qui peuvent le blesser. N'essaie pas d'arrêter ses mouvements ou de les contrôler.

2. Protège la tête de l'enfant en plaçant dessous un coussin ou des vêtements pliés.

3. S'il y a de la salive, du sang ou du vomi dans la bouche de l'enfant, fais-le rouler en position latérale de récupération.

4. Ne mets rien entre les dents de l'enfant, cela pourrait bloquer ses VOIES RESPIRATOIRES.

5. Une fois la crise terminée, si l'enfant est inconscient, place-le dans la position latérale de récupération. Appelle les SMU/9-1-1 pour avoir de l'aide.

6. Si l'enfant est conscient, il peut être fatigué et sembler confus. Reste près de lui pour le réconforter.

7. Appelle les parents ou le voisin dont tu as le numéro de téléphone.

Piqûres d'abeilles

L'enfant que tu gardes est en train de jouer dans la cour arrière et il se fait piquer par une abeille.

VÉRIFIER les lieux et l'enfant.

Tu trouves une zone rouge et enflée (et le dard) où l'abeille a piqué l'enfant.

APPELER

Appelle les SMU/9-1-1 si l'enfant a une réaction allergique grave.

SECOURIR

1. Si tu peux voir le dard, enlève-le en grattant délicatement la peau avec ton ongle ou avec une carte dure. Ne te sers pas de pinces à épiler parce que tu peux faire rentrer encore plus de poison dans la piqûre.

2. Lave la piqûre à l'eau et au savon et couvre-la pour la garder propre.

3. Mets une COMPRESSE FROIDE sur la piqûre pour diminuer la douleur et l'enflure.

4. Surveille les signes d'une réaction allergique possible (difficulté à respirer ou très grosse enflure).

Trousse de secours

Qu'y a-t-il dans une trousse de secours?

Toutes les maisons doivent posséder une trousse de secours. Demande aux parents où ils gardent leur trousse de secours ou apporte la tienne que tu peux garder avec toi pendant les promenades ou les sorties au parc. Veille à ce que la trousse de secours soit hors de portée des enfants.

Les trousses de secours doivent contenir les éléments suivants :

1. Liste des numéros de téléphone d'urgence

2. Tampons de gaze stériles, petits et grands

3. Ruban adhésif

4. Bandages pour faire une écharpe

5. Pansements adhésifs de différentes tailles

6. Ciseaux

7. Pinces à épiler

8. Épingles de sûreté

9. Sac à glace ou contenant réfrigérant

10. Lampe de poche et piles supplémentaires dans un sac à part

11. Tampons antiseptiques ou savon

12. Papier et crayon

13. Couverture d'urgence

14. Matériel de protection (par exemple, gants jetables et masque de poche ou écran facial)

15. Pansements pour les yeux

16. Thermomètre

17. Pièces de monnaie pour le téléphone public (mais on peut composer gratuitement le 9-1-1 à un téléphone public)

18. *Guide de secourisme et RCR* de la Croix-Rouge canadienne.

19. Jouet rassurant (p. ex. : petit ourson en peluche)

Notes :

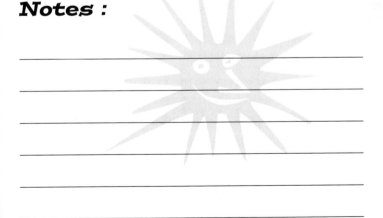

_____

_____

_____

_____

_____

_____

Page d'activité

Trouver le mot juste

Monnaie
Papier
Thermomètre
Bandages
Pince à épiler

Couverture
Lampe de poche
Ciseaux
Crayon
Gants

Ruban adhésif
Serviettes humides
  antiseptiques

```
E B X O É A S P M S Y C O R Y È O Z Q L L A C V A
S I B V Q N O B V E X S B A N D A G E S A M P A A
M C A K È L V S U R I I X M A D S O D Â I F T L P
O P Z N R P Q L C V P U É W M F O Z L Y Q D K P X
K A T H N A A M A I W A A A Q A E L K N A E E A R
P C J E A O A O B E Y K K W A P F T W B T Y R U P
Z X N R A F M N E T H E R M O M È T R E Q E U E I
V J N M Q L R N U T M W W K I W A C P A R C E B N
A W O R X W H A W E D F I R V G Z M T U L H A É C
F L J A K Q L T Q S E E U D B S W W T W J D A E E
B I A L D T D N P H A U R T A L X R I U T L K J À
É S K S L D X S C U E L H W F U E P N E S S A V É
A P D H X A A R S M O A D B S V I X V Y W M W E P
V A È I W Q J S Z I E M L W U S U J S E D X R È I
J E Ô P P T O Q D L W E O K K P E P T L N P A L E
P J M L O P I T H E D V C L O N I O N J W I D N L
G F G Q C A U E I S O W Z S X L Q D O W S D F A R
X P S W A P W E A A E P O E P S E K Y M H Y A U A
G E Y R N F E K N B K E M F X P O A S E Q B J B B
A K W I S L D J V T K E G S O X I E R J K A H P A
N G X M E Q F D K I D W J E Q G S B C W N E X I A
T A U X P É Q S D S S S H É H H D M K A T E N E O
S N A V X A G P L E X C S A D J R S D K S I K R K
N E E P Q T S W P P N A G A P D K H S D U E L W W
S I S S Q O O I E T V P B Z A V É É H B D O D N A
E A I G E U B E S I P Q H L R S R E I P A P U D W
Â V C K E A N C V Q V V W M I L A A S F O I E U K
M X B P I P D J T U T B Y F F D O S P G E E I P D
F U K W J H L W W E W A D E A P Z D G D P A F E B
S A X A T A Z Q F S X L A M P E D E P O C H E A C
```

106

Points très importants

Attouchements appropriés et non appropriés

Le toucher est important pour le développement et le bien-être des enfants. Un toucher ou un attouchement approprié est respectueux, bienveillant, gentil et n'est pas dangereux. Par exemple, passer le bras autour de l'épaule de l'enfant, le tenir par la main, lui donner une petite tape dans le dos ou lui faire un

câlin en le serrant dans ses bras sont des attouchements appropriés.

Il y aura de nombreuses occasions où tu devras toucher l'enfant que tu gardes. Par exemple, il faut changer la couche des bébés et parfois aider les jeunes enfants à aller aux toilettes ou à s'habiller. Respecte comment les enfants se sentent et donne-leur seulement l'aide dont ils ont besoin. S'ils sont assez vieux pour comprendre, explique-leur ce que tu dois faire et demande leur permission pour le faire.

N'oublie pas que le corps de l'enfant lui appartient. Son corps, tout comme ses sentiments, a besoin d'attentions, de délicatesse et de respect. Si tu touches à l'enfant et qu'il dit « non », tu dois respecter sa volonté sauf si sa vie est en danger. Il y a plusieurs exemples d'attouchements appropriés et non appropriés :

ATTOUCHEMENT APPROPRIÉ	ATTOUCHEMENT NON APPROPRIÉ
Changer les couches	Toucher l'enfant quand il ne veut pas
Donner son bain à l'enfant qui n'est pas capable de le prendre tout seul	Toucher l'enfant lorsque tu es en colère, tu es frustré ou tu n'es pas content
Nettoyer les parties génitales et anales de l'enfant s'il n'est pas capable de le faire lui-même	Chatouiller l'enfant quand il ne veut pas
Tenir un bébé pendant que tu lui donnes le biberon	Secouer un bébé et un enfant
Porter un bébé dans tes bras	Frapper l'enfant ou lui donner une fessée
Pour un jeune enfant, s'il est d'accord :	Toucher les parties génitales de l'enfant si ce n'est pas pour les nettoyer
• lui passer un bras autour de l'épaule	Donner un baiser sur les lèvres
• le tenir par la main	Demander à l'enfant de toucher tes parties génitales
• lui donner de petites tapes dans le dos	
• lui faire un gros câlin (le serrer fort dans ses bras)	

La violence et la négligence envers les enfants

- On parle de **VIOLENCE ENVERS LES ENFANTS** lorsqu'une personne blesse physiquement, émotivement ou sexuellement un enfant.
- On parle de négligence envers les enfants lorsqu'une personne ne prend pas soin d'un enfant comme elle devrait le faire.

Violence physique – signes à surveiller chez l'enfant :

- Bleus et marques de coups sur le dos, les fesses, les jambes, les bras, la tête et le visage
- Anciennes et nouvelles cicatrices
- Marques de brûlure
- Marques de morsure
- Cheveux manquants

Les enfants maltraités peuvent avoir peur d'un contact physique. Ils peuvent essayer de cacher leurs bleus et leurs cicatrices ou trouver toutes sortes d'excuses pour les expliquer. Certains enfants peuvent être très agressifs et se mettent facilement en colère ; d'autres sont timides et peureux.

Trop souvent, des bébés et des enfants sont blessés parce qu'ils ont été secoués. C'est très dangereux, parce qu'un bébé ou un enfant secoué peut être gravement blessé ou même mourir. NE SECOUE JAMAIS UN BÉBÉ OU UN ENFANT!

Négligence – signes à surveiller chez l'enfant

- L'enfant a toujours faim
- L'enfant est très sale
- L'enfant est très très fatigué
- L'enfant ne porte pas des vêtements convenables
- L'enfant manque de soins médicaux

Les enfants négligés physiquement peuvent ne pas avoir l'air bien et ne pas avoir d'énergie. Certains sont « collants » alors que d'autres sont très exigeants.

Violence émotive – signes à surveiller chez l'enfant

- Dépression
- Aucune confiance en lui
- Grande agressivité ou passivité
- Beaucoup de crises de colère
- Beaucoup de pleurs et de bouderies

Violence sexuelle – signes à surveiller chez l'enfant

- L'enfant a des blessures physiques aux parties génitales ou anales
- L'enfant connaît trop bien les choses sexuelles
- L'enfant parle beaucoup de sexe
- L'enfant a peur des contacts physiques
- L'enfant a peur de se déshabiller
- L'enfant fait souvent des colères

Que dois-tu faire?

1. Ne pose pas toi-même de questions à l'enfant.

2. Raconte à un adulte en qui tu as confiance ce que tu vois, ce que tu entends ou ce que tu crois qu'il peut se passer.

3. Décidez ensemble s'il faut que tu en parles à un service de protection de l'enfance ou à la police.

N'oublie pas, il est très important que tu en parles à un adulte.

Conclusion

Questions :

- Qu'est-ce que tu as appris sur toi pendant ce cours?
- Que vas-tu retenir de ce cours, qui fera de toi un excellent gardien d'enfants?

_____

_____

_____

_____

_____

_____

_____

_____

_____

_____

_____

_____

_____

Glossaire

ALLERGIE : Une réaction négative du corps à certaines piqûres d'insectes, à certains aliments ou à certains médicaments.

APPRENTISSAGE DE LA PROPRETÉ : Uriner ou aller à la selle dans la cuvette des toilettes. En général, l'enfant fait l'apprentissage de la propreté entre deux et cinq ans.

ASTHME : Une maladie qui rend les voies respiratoires plus étroites, ce qui cause des difficultés à respirer.

BÉBÉS : Les enfants de moins de 12 mois.

COMPRESSE FROIDE : Un petit sac imperméable qui contient de la glace ou d'autres matières solides congelées. Il est utilisé en secourisme pour empêcher ou pour diminuer l'enflure.

CONSCIENT : La personne est réveillée ou n'a pas perdu connaissance.

CONVULSIONS : Des tremblements, des secousses ou des chutes provoqués par un signal électrique perturbé dans le cerveau. Cela peut être causé par un problème de santé permanent tel que l'épilepsie, l'empoisonnement, une forte fièvre ou un traumatisme crânien.

COUPURE : Une entaille à la surface de la peau.

CURRICULUM VITAE : La liste des expériences, des qualités et des capacités qui indiquent qu'une personne peut bien faire un travail.

DIVERSITÉ : Les différences entre les personnes et leurs genres de vie.

EMPOISONNEMENT : Manger, boire, respirer ou s'injecter un produit solide, liquide ou gazeux, et lorsque le produit rentre dans le corps ou se trouve sur la peau, il peut rendre la personne malade ou la faire mourir.

ENFANTS D'ÂGE PRÉSCOLAIRE : Les enfants de trois à cinq ans.

Enfants d'âge scolaire : Les enfants de cinq ans et plus.

Environnement : Les alentours ou un ensemble de facteurs.

Éraflure : Une plaie où la peau a été râpée ou brisée.

Étouffer : Une urgence qui représente un danger de mort parce que les voies respiratoires sont bloquées en partie ou complètement. Si les voies respiratoires sont complètement bloquées, le bébé ou l'enfant ne peut pas tousser, ne peut pas parler, ne peut pas pleurer et ne peut pas respirer.

Gants jetables : Des gants imperméables très minces qu'on porte pour se protéger les mains contre les germes lorsqu'on doit toucher des liquides organiques comme le sang ou le vomi.

Hémorragie grave : Le sang qui sort de la plaie comme un jet ou un saignement qui ne peut pas être arrêté facilement

Hygiène : L'ensemble des activités comme se brosser les dents ou se laver les cheveux et les mains, qui contribuent à garder le corps propre et en santé.

Inconscient : Une personne qui n'est pas éveillée ou qui a perdu connaissance. La personne ne sait pas du tout ce qui se passe autour d'elle.

Leadership : Agir de manière responsable et prendre en mains une situation.

Modèle de comportement : Une personne qui agit d'une manière responsable et que les autres peuvent prendre en exemple.

Nausée : Ce que l'on peut ressentir avant de vomir. Avoir mal au cœur.

Noyade : La mort par suffocation dans l'eau.

Plaie : Une blessure au corps.

Position latérale de récupération : La personne est couchée sur le côté, le visage vers le sol pour garder ses voies respiratoires ouvertes au cas où elle vomirait. C'est une façon de protéger la personne.

PREMIERS SOINS : Les soins donnés à une personne blessée ou malade jusqu'à ce qu'elle puisse recevoir des soins spécialisés. Lorsque ces soins sont donnés les toutes premières minutes d'une urgence, ils peuvent sauver une vie.

PRÉPARATION LACTÉE : Un mélange liquide à base de lait ou de soya donné aux bébés qui boivent avec un biberon.

PROFESSIONNEL : Être responsable, sérieux, fiable et habile.

RÉPARTITEUR : Le téléphoniste qui reçoit les appels d'urgence et qui se charge d'envoyer du personnel médical, la police ou les pompiers sur les lieux d'une urgence.

SIFFLEMENT RESPIRATOIRE : Un son ressemblant à un sifflement grave et rude que fait entendre une personne quand elle respire. Cela indique habituellement un problème de respiration.

STADES DE DÉVELOPPEMENT : Les stades que traverse une personne de la naissance jusqu'à la vieillesse ; chaque stade comprend des changements physiques, mentaux, émotionnels et sociaux.

STÉRILE : Qui n'a pas de germes.

SURVEILLANCE : Rester près de l'enfant, les yeux fixés sur lui autant que possible.

TOUT-PETITS : Enfants de un à trois ans.

URGENCE : Une situation qui demande des secours immédiats parce qu'une personne est blessée ou malade.

VÉRIFIER, APPELER, SECOURIR : Trois étapes à suivre dans une situation d'urgence.

VIOLENCE ENVERS DES ENFANTS : Une agression physique, psychologique ou sexuelle faite à un enfant, et qui lui cause des blessures physiques ou émotives.

VOIES RESPIRATOIRES : Les voies qui font circuler l'air provenant de la bouche et du nez pour l'amener dans les poumons.

VOMI : Le contenu de l'estomac qui est renvoyé par la bouche.

Ressources

Tu auras de plus en plus d'expérience comme gardien professionnel, mais cela n'empêche pas que tu dois t'efforcer de toujours t'améliorer. Une façon de devenir un meilleur gardien est d'avoir les renseignements les plus à jour possible. Voici des ressources Internet que tu peux consulter pour avoir des conseils sur la sécurité des enfants et sur les derniers développements dans le domaine de la garde d'enfants...

- Croix-Rouge canadienne : www.croixrouge.ca
- American Red Cross : www.redcross.org
- Santé Canada : www.hc-sc.gc.ca
- SécuriJeunes Canada : www.securijeunescanada.ca
- Réseau canadien de la santé : www.reseau-canadien-sante.ca
- Prévention des incendies du Canada : www.fiprecan.ca

Formation en secourisme et en RCR

Ce cours-ci ne te donne pas un certificat en secourisme et en RCR. Il t'apporte certaines connaissances et t'apprend certaines techniques dans ces domaines. Ce serait une excellente idée de suivre une formation plus poussée. Si tu désires avoir un certificat, nous te recommandons de t'inscrire au cours de secourisme et au cours de RCR offerts par la Croix-Rouge canadienne.

Appelle le bureau de la Croix-Rouge de ta région ou compose le 1 877 356-3226 pour avoir plus de renseignements sur les cours offerts.

Notes :

Sac à aporter.

- téléphone ✓
- premier soins
- la nourriture ✓
- de l'eau
- permission ✓
- mouchoir ✓
- jouait
- couche
- l'argent
- brose à dent
- activité
- clé
- pure

pège dans ca

Notes :

ballon - jeu de mémoire -
radio-cld - pluie - boteil -
poupr - mickey mouse -
patte à mouler - os -
araignée.

Notes :

Notes :

Notes :